中国经济文库 应用经济学精品系列

中国经济文库 · 应用经济学精品系列（二）

谢蕊蕊
宋文文 ◎著

区域工业环境效率测度及其影响因素分析

The Measurement and Factors Analysis on the Environmental Efficiency of Regional Industry in China

中国经济出版社
CHINA ECONOMIC PUBLISHING HOUSE
北 京

图书在版编目（CIP）数据

区域工业环境效率测度及其影响因素分析/谢蕊蕊，宋文文著. --北京：中国经济出版社，2021.10

ISBN 978-7-5136-6673-2

Ⅰ.①区… Ⅱ.①谢… ②宋… Ⅲ.①地方工业-工业发展-环境影响-研究-中国 Ⅳ.①F427

中国版本图书馆 CIP 数据核字（2021）第 208015 号

组稿编辑　崔姜薇
责任编辑　丁　楠
责任印制　马小宾
封面设计　华子图文

出版发行　中国经济出版社
印 刷 者　北京中石油彩色印刷有限责任公司
经 销 者　各地新华书店
开　　本　710mm×1000mm　1/16
印　　张　13.25
字　　数　197 千字
版　　次　2021 年 10 月第 1 版
印　　次　2021 年 10 月第 1 次
定　　价　78.00 元
广告经营许可证　京西工商广字第 8179 号

中国经济出版社 **网址** www.economyph.com **社址** 北京市东城区安定门外大街 58 号 **邮编** 100011
本版图书如存在印装质量问题，请与本社销售中心联系调换（联系电话：010-57512564）

前言

PREFACE

随着全球经济特别是我国工业经济的快速增长，能源匮乏和环境污染问题日益成为阻碍经济和社会可持续发展的首要因素。如何有效解决资源短缺特别是能源匮乏和环境污染这两大问题已经成为世界各大经济体关注的焦点。我国作为发展中国家，经过改革开放40多年的快速发展，已经成为仅次于美国的世界第二大经济体：2019年国内生产总值（GDP）99万亿元，比1978年增长30多倍，年均增长9.5%；工业增加值31万亿元，比1978年的1 622亿元增长了100多倍；我国发生了巨大变化，随着实体工业实力的空前增强，加之产品竞争力的显著提高，我国已经成为一个真正的全球制造业大国。但是，我国在经济的快速发展过程中消耗了大量的自然资源特别是化石能源，并随之出现了一系列环境污染问题。2018年我国二氧化碳排放量为94.29亿吨，同比增长3 976.9%，排放总量居世界第一；2018年我国的PM2.5（细颗粒物）暴露程度指标评价位居世界末位；我国工业废水和生活污水排前处理率也远远落后于世界其他国家；在耶鲁大学公布的2018年全球环境绩效指数（EPI）中，我国在参与的180个国家中位于120位。因此，我国的环境治理刻不容缓，我们已经没有先污染后治理的资本，理当以近些年日益严峻的雾霾问题为契机，高度重视环境问题。解决环境问题也不能停止发展经济，为此我们必须转变经济增长方式，将过去依靠加大资本投入拉动经济增长的方式，转变为通过提高全要素生产率和技术进步、技术创新来实现经济增长。鉴于此，全要素生产率特别是环境或者绿色全要素生产率已经成为学术界研究经济增长问题的重要工具之一，国内外众多学者从不同的视角对我国经济包括工业全要素生产率尤其是绿色环境全要素生产率进行了研究，得到了许多可供借鉴的结论。

工业全要素生产率作为衡量工业经济增长质量的重要指标，一直是学术界研究的重中之重。迄今为止，国内外众多学者从不同角度、采用不同的研究方法对工业技术效率和全要素生产率进行了测度，以求客观评价工业经济增长的方式和路径。但是，这些研究对工业效率的测度只是基于资本、劳动要素投入等，能够兼顾能源和环境的文献并不丰富。根据可持续发展理论，能源和环境因素不仅是经济增长的内在驱动力，更是经济增长规模与速度的外在约束。传统的工业效率评价方法仅考虑劳动、资本要素投入，忽略了能源和环境的多重约束，没有考虑到工业增长对社会、生态环境造成的负外部性，不能真实反映我国工业经济增长的绩效水平，从而诱导政府在产业政策制定中出现偏差，影响工业经济的持久增长。然而，由于受研究模型方法、数据来源等方面的限制，现有文献对全要素生产率的研究存在很多不足之处：早期的研究在投入方面仅考虑资本、劳动等传统生产要素，忽略了经济特别是工业经济发展中最重要的能源——化石能源的投入，在产出方面仅考虑了产值等期望产出，忽略了废水、废气这些非期望产出对环境造成的影响；在研究方法上，早期的模型大多以数据包络分析（DEA）模型为基础，数据包络分析存在的投入产出导向问题使其不能处理投入和产出变量存在的径向和非径向特征；在研究区域全要素生产率差异问题时，忽略了经济单元在地理上的空间关联性和空间溢出效应；对工业环境全要素生产率影响因素指标的选择也缺乏合理依据，有待进一步完善。因此，克服现有研究存在的各种局限性，对区域环境全要素生产率的进一步深入研究是必要的和紧迫的。

基于以上背景，本书研究的目的是：以习近平总书记提出的建设“美丽中国”“绿水青山就是金山银山”理念为指导，以经济新常态发展为背景，把能源和环境因素纳入传统的全要素生产率分析框架中，研究能源环境约束下我国区域工业绿色全要素生产率的问题。为了将不考虑能源环境因素和考虑能源环境因素之后的全要素生产率做比较，本书对两者都进行了测算，可以看清能源和环境约束之后全要素生产率的增长受到一些影响，由此对绿色全要素生产率的影响因素进行了空间计量回归，这些都有助于制定能源环境约束下经济可持续发展的政策建议。本书的主要研究内容和相关结论如下：

（1）不考虑能源环境约束下我国区域全要素生产率评价。

研究采用前沿分析法中的非参数分析法（DEA 数据包络分析模型）和参数分析法（随机前沿分析法以及经过改进的共同前沿分析法）分别测算了不考虑能源环境约束下我国区域工业全要素生产率。

（2）考虑能源环境约束下我国区域环境全要素生产率评价。

研究采用了同时考虑期望产出增加和非期望产出减少的方向距离函数，以及在方向距离函数和全要素生产率基础上改进的 Malmquist-Luenberger 指数法对我国区域环境效率和绿色全要素生产率进行了测度，并把测度结果与研究内容进行了比较。

（3）我国各省环境效率和全要素生产率影响因素的空间计量分析。

区域不是独立存在的个体，与其他区域特别是相邻区域之间存在经济往来和影响。在空间上，经济行为之间存在空间交互作用，这就导致传统计量经济模型的前提假设不再成立。由此，本书把空间结构和空间效应纳入研究框架中，运用空间计量经济模型对我国区域绿色全要素生产率的影响因素进行了回归分析，并把该结果与传统的不考虑空间效应的结果进行了比较。

本书在以上研究的基础上，探索如何实现经济发展和环境保护的双赢之路。环境规制必不可少。本书为定量分析我国工业发展造成的能源环境代价提供了借鉴，丰富了区域绿色全要素生产率研究的理论模型和评价方法体系。

本书由河南大学商学院谢蕊蕊和宋文文合作完成，其中第二章、第三章、第四章、第五章和第十一章（约 51834 字）由宋文文撰写，其他章节由谢蕊蕊撰写，由谢蕊蕊对全书内容进行了校对。

目 录

CONTENTS

第一章

绪　论

能源、环境、经济之间的关系问题（即 3E 问题）是目前各界人士普遍关心的热点问题。党的十五大提出可持续发展战略；党的十七大提出建设生态文明，建设资源节约型、环境友好型社会；党的十八大提出大力推进生态文明建设，着力推进绿色发展、循环发展、低碳发展；党的十九大又提出加快生态文明体制改革，建设美丽中国，提出树立“绿水青山就是金山银山”的理念。虽然国家政府对能源和环境问题日益重视，但是如何把可持续发展、绿色发展从理念转化为行动是世界各国都面临的一道难题。

一、问题的提出

工业是能源消耗和污染排放的罪魁祸首。改革开放 40 多年来，我国工业特别是制造业飞速发展，取得了举世瞩目的巨大成就。2018 年工业增加值 305 160 亿元，按可比价格计算，比 1978 年增长了 56 倍。但是，随着我国工业化进程的推进，也付出了惨重的资源环境代价。西方发达国家上百年工业化过程中分阶段出现的环境和能源问题在我国已经集中出现。工业粗放式增长、环境污染严重、能源匮乏。工业发展造成了严重的资源和环境问题，资源枯竭和环境污染反过来也影响了我国工业的持续发展。在能源短缺和环境污染问题已成为全球性问题的今天，作为能源消耗和污染物排放大国，我国如何在能源和环境约束下实现经济高效增长是一个亟待解决的课题。

（一）研究背景

1. 我国工业从高速增长到逐渐趋缓

我国工业长期以来保持 11%的增长速度，被称为“增长奇迹”。该“增长奇迹”主要来源于生产要素（劳动和资本）的高投入，而伴随着人口红利的消失、国际市场能源价格的上涨、国家对节能环保的日益重视，我国的工业发展已经面临增长的极限，工业高速增长的时代已经终结。工业增长开始换挡升级，从以前的高速增长转为中高速增长。如果不能改变过去粗放型的发展模式，我国将逐步丧失比较优势。工业持续增长必须依靠技术创新和较高的全要素生产率。

2. 工业增长带来了能源短缺和环境污染问题

我国为工业高速增长付出了巨大的代价，在取得举世瞩目的“增长奇迹”的同时也伴随着严重的环境问题。发达国家在工业增长中出现的环境污染和能源短缺问题在我国重演，并且最近十几年愈演愈烈。资源消费增长持续超过 GDP 增长，我国经济表现出高资本投资、高资源消耗、高污染排放和低效率产出的特征。“高投入、高消耗、高污染、低效益”的粗放增长模式带来了严重的能源匮乏和环境污染问题。

在能源方面，我国能源短缺并且使用效率低下。随着我国逐渐成为工业大国和世界工厂，特别是近年来重化工业的发展，能源消耗增长，能源供给不足。能源是国民经济发展的基础，因此不可避免地要面临供应问题。我国常规能源探明的技术可开发总量约占世界总量的 10%，从总量上看并不少，但由于我国人口众多，人均拥有能源探明储量低。目前我国探明的煤炭储量有 1 100 亿吨左右，虽然储量比较丰富，但人均储量仅为世界平均值的一半左右。目前天然气的探明储量人均值仅为世界人均值的 4.38%。石油探明可采储量为 33 亿吨左右，人均可采储量也仅为世界平均水平的 10%左右。

能源的大量消耗也带来了巨大的环境问题。大量的能源消耗特别是燃煤消耗使得我国成为世界上最大的温室气体排放国家。雾霾以及大量的工业和生活垃圾、废水已经严重影响了我国经济的可持续发展。国内学者对

20 世纪 90 年代我国的碳排放进行过估算，对近几年尤其是新一轮经济增长以来碳排放量的估算较少，但我国目前处在经济快速发展阶段和快速城市化进程中，预计未来的碳排放量仍将不断增加。据相关研究预测，如果单位 GDP 排放的二氧化碳比率继续保持在 2001 年的水平，到 2025 年，全世界二氧化碳排放总量将增长 72%，达到 270 亿吨，届时我国将增长 225%，总量超过 100 亿吨，远高于其他国家。

3. 可持续发展成为国家战略

国务院常务会议 1994 年通过的《中国 21 世纪议程——中国 21 世纪人口、环境与发展白皮书》第一次正式提出了促进中国经济、社会、资源和环境相互协调的可持续发展的战略目标。随后，时任国家总书记江泽民在第四次全国环境保护工作会议上高瞻远瞩地郑重指出："在社会主义现代化建设中，必须把贯彻可持续发展战略始终作为一件大事来抓。""经济的发展，必须将人口、环境、资源统筹考虑，不仅要安排好当前的发展，还要为子孙后代着想，为未来的发展创造更好的条件，决不能走浪费资源、先污染后治理的路子，更不能吃祖宗饭、断子孙路。"

4. 工业区域发展不平衡加剧

虽然我国工业经济保持了 40 年的持续增长，但是区域工业发展不平衡的问题始终没有得到有效解决。地区间工业经济发展水平差距的长时间存在和持续扩大，不仅造成社会福利损失，而且还有可能威胁我国工业的可持续增长。新经济增长理论和现代经济增长理论明确了生产技术效率和全要素生产率在经济增长中的重要作用，而生产效率的增长在揭示经济增长差异方面也具有非常重要的作用。

（二）提出问题

经济发展并不会使环境质量自动改善。根据物理学的物质不灭定律和能量守恒定律，超过环境容量的污染会继续积累在环境中，而一旦其超过了"环境承载阈值"（Threshold），不仅会造成经济发展停滞，也会给环境的恢复和治理带来比较大的难度，甚至有可能会失去解决任何环境问题的机会。加之环境资源具有的公共物品属性以及环境问题具备的负外部性，还有微观经济主体机会主义等因素，环境问题难以靠市场机制自身解决。因此，为了实现社会福利的最大化，政府必须实施环境规制。我国是一个发展中大国，且目前正处于工业化、城市化的快速发展阶段。一方面，我国尚不能在短期内达到库兹涅茨曲线理论拐点的节能减排与经济增长脱钩状态，经济的快速发展不可避免地带来能源的大量消耗、污染物的持续排放。另一方面，国情决定了我国不能强制性减排而不发展工业经济，这违背经济增长的基本方针。因此，中国的环境规制和节能减排方案必须兼顾阶段性发展特征，找出一条工业发展与环境改善的双赢之路。在高速经济增长与环境保护之间，是否只能选择其一，还是有可能在两难困境的夹缝中寻求转型？我国经济怎么转型，能否成功的最关键因素就是我国经济的绿色全要素生产率能否持续提高。

二、研究目的及意义

（一）研究目的

本研究的目的在于回答以下问题：如何在能源和环境的双重约束下，寻找我国工业可持续发展的路径。针对上述问题，本书以能源和环境约束下我国工业生产效率为研究对象，采用对比分析的方法分别测度了我国工业传统技术效率、全要素生产率和考虑能源环境约束的技术效率、绿色全要素生产率，对其存在的时间特征、空间特征、收敛状况进行了描述；并对考虑能源环境约束的绿色全要素生产率的影响因素进行了计量分析。力求在此研究基础上找出我国工业经济增长和环境改善的双赢之路。

（1）我国工业发展的现状、历史演进过程如何？工业发展具备什么样的阶段性特征？能源的供给和需求现状及其存在的问题是什么？我国目前的环境污染现状及环境规制力度如何？发达国家在工业发展过程中是如何解决能源匮乏和环境污染严重问题的及其对我国有何启示？

（2）如何合理测度能源和环境约束下我国的工业生产效率？如何在传统效率评价基础上加入能源环境因素？如何选择合理的投入产出指标？如

何建立传统效率评价和能源环境约束下的环境效率评价之间的联系？

（3）在整个考察期，我国工业环境技术效率和绿色全要素生产率的变化情况怎么样？其增长的来源是什么？在不同的时间空间中各空间区域和区域内部之间的环境全要素生产率指数的差异变化如何？

（4）我国工业环境效率和绿色全要素生产率指数的收敛情况如何？工业环境效率和绿色全要素生产率指数在不同的考察期是否收敛？不同区域内部是否存在收敛俱乐部？如果存在收敛是哪一种收敛？考虑能源环境约束后工业生产效率的收敛与仅考虑要素投入约束的生产效率收敛有何不同？

（5）我国各省工业环境效率和环境全要素生产率的空间差异性分析怎么进行？我国工业不均衡发展的历程会对工业环境效率的差异产生什么影响？区域工业环境效率在地理空间上是否相关？

（6）我国各省工业环境效率和环境全要素生产率影响因素的空间计量分析怎样进行？我国区域工业环境效率受到哪些因素的影响？这些因素影响区域工业环境效率的机理是什么？区域工业环境效率影响因素的影响大小及方向如何？

（7）我国工业可持续发展的路径如何选择？我国工业如何实现转型升级？如何实现工业发展与能源和环境的协调？

（二）研究意义

1. 学术意义

（1）拓宽了工业生产效率的研究范畴。目前考虑能源环境约束对我国工业绩效的影响的研究还不丰富。将能源环境约束纳入工业效率评价框架中，可以拓展工业生产效率研究的范围。

（2）丰富了能源环境约束下度量工业效率的工具。对于工业生产中的废水、废气、废物等非期望产出的处理方式，采用了方向性距离函数，以及非径向非角度的 SBM 超效率评价模型，这种度量方法丰富了考虑非期望产出的效率评价方法。

（3）把空间因素引入了区域工业效率的差异性分析和影响因素分析

中。经济发展、环境污染等因素都存在其外部性，一个区域的工业发展和环境状况都受到相邻区域的影响。

2. 应用价值

（1）有利于协调工业生产与生态环境之间的关系。可持续发展是工业经济增长的重要主题，也是当前人类发展的共识。传统的工业经济发展模式并没有充分考虑能源匮乏和环境污染的危险，工业发展在先污染后治理的道路上已无法继续前行。因此，认清能源和环境约束下工业生产效率的真实状况，有助于推动我国工业经济向与环境更协调、效率更高的方向发展。

（2）有利于治理工业环境污染。工业生产产生的污染，是我国最主要的环境污染源。废水、废气的大量排出对居民的生活和健康产生了不利影响。无论是工业企业还是政府和社会大众，都应该对工业污染的防治给予足够的重视，并采取合理的措施避免、减少污染。测度资源环境约束下的工业生产效率，可以为节能减排的决策提供支持。

（3）有利于推动工业经济增长质量上升。环境效率和绿色全要素生产率是工业既快又好发展的基础，其水平的变化是工业经济质量的重要衡量指标。工业环境效率和绿色全要素生产率指数水平低的问题若不能得到有效解决，即使工业经济整体还保持中高速增长的状态，其竞争优势也无法得到保证。探寻提升我国工业环境效率和绿色全要素生产率指数的影响因素，可以为提升工业经济增长质量提供政策参考。

（4）有利于缓解我国工业区域发展差异。投入增加和效率提升是促进工业经济发展的两个重要手段，其中效率提升是保证工业经济长期健康发展的最重要途径。

三、研究内容和方法

（一）研究内容

本书共分十一章，各章节内容安排如下：

第一章，绪论。从工业增长速度放缓、能源匮乏以及环境污染的现实背景出发，指出寻找工业增长和环境改善双赢之路的迫切性。转变工业发展方式，以环境效率改善和绿色全要素生产率提高为目标提出本书的研究内容、意义、方法和技术路线，并对可能存在的创新点和继续研究的方向进行了分析。

第二章，理论基础和文献述评。对经济增长理论、效率和生产率理论、可持续发展理论进行阐述，并对国内外研究我国工业效率和环境效率的文献进行了梳理和述评。

第三章，中国工业发展、能源利用与环境污染的现状分析。首先，对我国工业目前的发展情况、以后可能的发展趋势以及现在存在的优劣势进行了分析；其次，对我国能源的禀赋、能源的开采利用状况及利用效率进行了现状陈述；最后，对我国污染的排放状况、环境规制的现状进行了说明。

第四章，效率和生产率评价方法。重点介绍了静态效率评价参数方法的随机前沿分析法、共同前沿分析法，非参数评价方法的 DEA 模型以及非径向非角度的 SBM 超效率评价模型，动态效率评价的 Malmquist 指数法、环境效率评价的方向性距离函数和 Malmquist-Luenberger（ML）生产率指数。

第五章，基于共同前沿法的我国区域工业技术效率测度的实证分析。采用参数分析法中的共同前沿法对我国 31 个省份 2006—2018 年的工业技术效率进行了测度和实证分析。

第六章，基于 DEA-SBM 的我国区域工业传统效率评价分析。采用非参数方法中的非径向非角度的 SBM 超效率评价模型对我国区域工业技术效率进行测度和实证分析，并对参数分析法得到的效率值和非参数方法得到的效率值进行了比较。

第七章，基于方向距离函数的我国工业环境效率评价分析。把能源消耗和污染排放因素引入了效率评价模型，对我国 31 个省份 2006—2018 年的工业环境效率和环境全要素生产率进行了测度，并比较了考虑非期望产出的环境效率与不考虑非期望产出的技术效率值。

第八章，我国区域工业效率和环境效率的收敛性分析。针对我国区域工业环境效率是否存在收敛性，采用 σ 检验、β 检验、条件 β 检验和随机收敛检验方法对我国 30 个省份的工业环境效率收敛状况进行了检验。

第九章，我国区域工业效率和环境效率的空间差异性分析。针对我国区域工业发展的不均衡性特点，对我国不同区域工业发展存在的空间差异进行了分析。

第十章，我国区域工业环境效率影响因素的空间计量分析。重点介绍了空间计量模型，对我国区域工业环境效率影响因素的影响机理及影响效果进行了实证分析。

第十一章，提高我国区域工业环境效率的政策建议。针对环境效率评价的结果、区域之间的差异性、环境效率的影响因素分析提出了我国工业与能源环境协调发展的路径。

（二）研究方法

本书从理论分析和实证分析相结合的角度对资源与环境约束下我国的工业生产效率进行了研究。理论分析和实证分析的结合是应用经济学研究的重要特征。采用的具体研究方法包括：

（1）归纳分析法。通过归纳能源环境约束下我国工业生产效率的典型事实，以求从中能总结出普遍性特征和一般化规律，作为本书的重要论据和支撑。

（2）比较分析法。对我国各省的传统工业技术效率和环境效率、工业全要素生产率指数和绿色全要素生产率指数等指标进行了比较分析，通过比较得出区域之间在发展上存在的差异和不同，最终得出有意义的结论。

（3）定性分析法。本书的大量分析方法是定量的，但是在定量分析之前从总体上定性分析了我国工业经济增长的特点和能源供需、环境污染现状。

（4）定量分析法。在实证分析中，首先分别采用了参数分析法和非参数分析法测度了我国区域工业不考虑非期望产出的技术效率和全要素生产率；其次采用方向距离函数和 ML 指数计算了我国区域工业考虑非期望产出的环境效率、环境全要素生产率；最后采用收敛检验模型检验了我国区域工业环境效率的收敛性，采用 Moran's I 指数评价了我国区域工业环境效率的全局自相关性和局部自相关性，采用空间计量模型对我国区域工业环境效率的影响因素进行了分析。

（三）研究框架

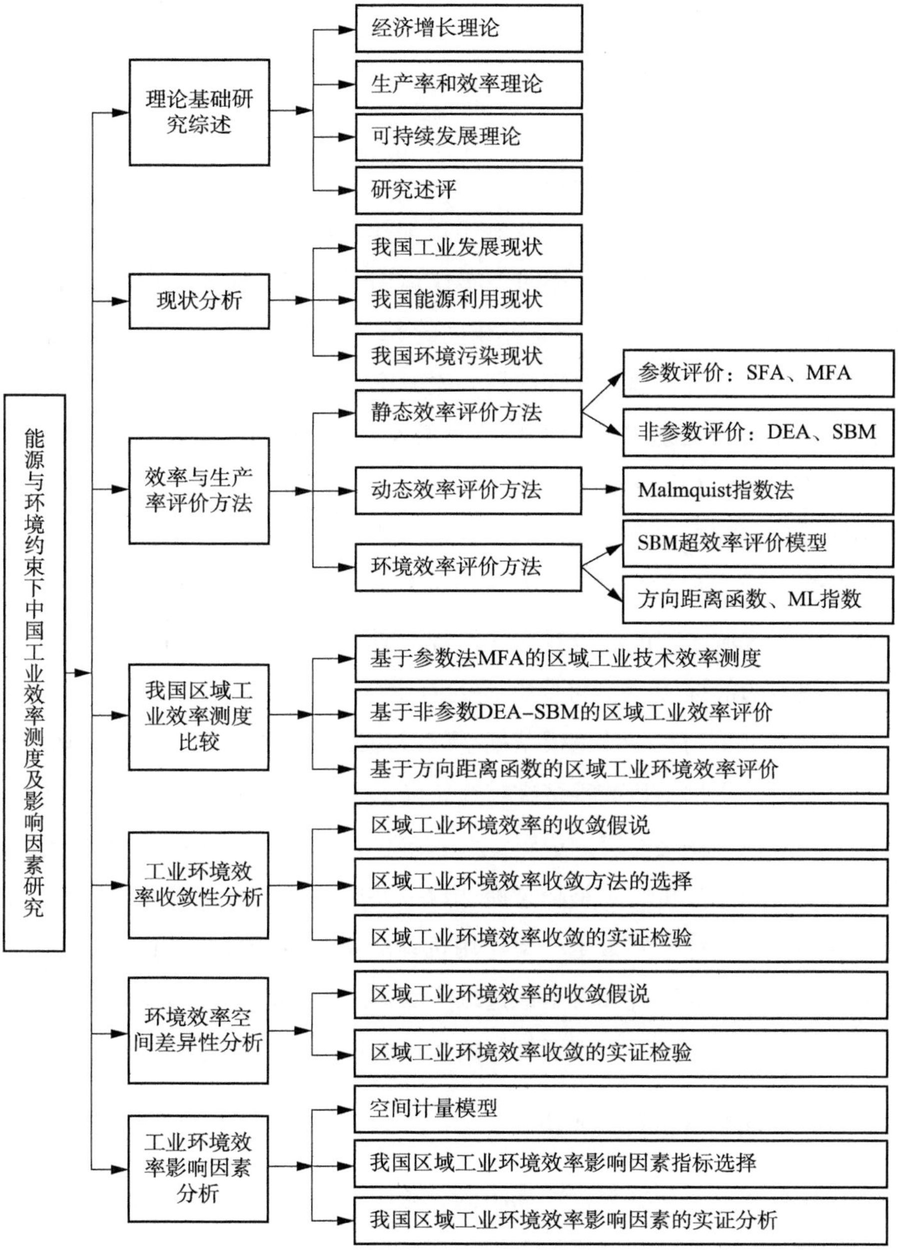

图 1-1　本书的研究技术路线

四、创新点和继续研究的方向

（一）研究的创新点

本书的创新之处主要包括：

（1）不同于以往研究，本书在考虑能源环境等约束的条件下测算我国区域环境效率的全要素生产率时，不仅运用了目前主流的方向距离函数和ML指数法，还采用了非径向、非角度的SBM模型法。传统的SBM模型在处理正值和零值时，源自线性规划解决方案的特征加剧了投入与产出变量之间的最优松弛的差异，可能导致计算结果偏离实际情况。本书改进的SBM模型在一定程度上弥补了传统DEA模型和DEA-SBM模型的缺陷，对我国区域环境效率和全要素生产率的评价结果更加真实可靠。

（2）本书在研究环境效率和环境全要素生产率影响因素的视角上存在创新。由于区域之间的经济行为在地理上具有空间交互作用，导致传统计量经济模型的前提假设不再成立，进而使得回归结果与实际情况不符合。基于此，本书采用空间计量模型把空间效应纳入研究框架中，得到的结果更切合实际。再加上目前很多文献在工业效率影响因素指标的选取上存在很大的主观性，缺乏一定的逻辑性和系统性，还有不少文献对指标选取的科学性缺乏理论分析，只是随意地选取一些简单的指标进行实证分析，缺乏对我国工业绿色全要素生产率作用机理的系统科学分析。由此，本书在文献的基础上更加系统和科学地选取了我国工业环境全要素生产率的影响因素指标，并对每一影响因素指标的作用机理进行了系统科学的分析。

（二）研究的不足之处

由于研究时间与学术水平的限制，本书尚存在一些不完善之处，包括以下几点：

（1）在区域环境全要素生产率影响因素的选择方面存在不足。环境全要素生产率是能源、环境约束下生产投入与产出等要素效率的综合反映，影响它的因素是多方面的、错综复杂的。在研究过程中，笔者虽然试图全面、系统地选择影响因素指标，但仍未做到把所有的因素考虑进来，再加上数据的可得性，很难涵盖影响环境全要素生产率的所有因素。

（2）本书仅从宏观角度对我国区域环境全要素生产率进行了研究，缺乏更为具体的细分行业基础。作为国民经济发展的重点行业，工业细分行业众多，并且存在很大的差别，如果仅仅对大工业进行研究，就不能对我国工业的不同细分行业提供针对性比较强的政策建议。笔者下一步会开展对工业分行业环境全要素生产率相关问题的研究，从而为我国工业环境全要素生产率提供一些更加深入的行业基础。最后，继续研究的方向还应该开展一些更为细致的企业调查研究，从更加微观的层面研究我国工业环境全要素生产率的作用机理，从而为我国微观生产者提供一些更切合实际的指导。

（3）政策建议方面还有待于进一步完善。由于笔者研究能力有限，再加上缺乏实践经验，因此提出的政策建议比较宏观，缺乏对于不同地区针对性更强的政策措施。之后的研究应该深入企业和政府调研，深化和细化研究，从而能够为我国各区域、各省份工业环境全要素生产率的提升及其均衡发展提供一些更为具体、实践性更强的政策建议。

第二章

理论基础和文献述评

能源和环境约束下我国工业的环境效率和环境全要素生产率分析不仅包括工业增长的数量还包括工业增长的质量。工业环境全要素生产率也是目前衡量区域工业增长质量的一个重要指标。本章主要以经济增长理论、效率和生产率增长理论、可持续发展理论、效率评价方法和全要素生产率核算方法为理论基础，对相关的研究成果和方法进行了总结和述评。

一、经济增长理论

经济增长理论的发展演进过程就是经济学家探求经济增长的动力究竟是什么的过程，是一个将不可观测和衡量的经济增长可视化和可测度化的演进过程。目前文献中学者们一致认为经济增长理论的核心在于回答经济学中最难以回答且又必须回答的问题：经济增长的源泉究竟是什么？从经济学理论和实践的研究初期，经济学家和各种经济学者们就在致力于解决该类问题，它也是早期经济增长理论和现代经济增长理论需要共同解决的目标。从其演化的发展阶段来看，经济增长理论的研究大致可分为三个阶段：古典经济增长理论、新古典经济增长理论和新经济增长理论。下面分别从这三个阶段对经济增长理论的研究成果进行综述和分析。

（一）古典经济增长理论

古典经济增长理论的核心在于回答如何保障经济的长期增长。这方面的代表人物之一是威廉·配第，其在1962年发表的《赋税论》一书中提出国民财富的真正来源是土地和劳动资源，这就是众所周知的“劳动是财富之父，土地是财富之母”理论；他研究认为劳动生产效率的提升至关重要，它的上升不仅能提升经济的总产量，还可以通过提升劳动投入进而带动国民收入增长。另一代表人物马尔萨斯则认为人口增长会在一定程度上刺激产出增长，而产出的增长反过来也会刺激人口的增长，但当人口增长的速度超越生产增长的速度时，会在一定程度上导致人均产出的下降，因此，从长期看人均产出将会收敛至静态均衡水平。

另一古典经济理论研究的代表人物是经济学之父亚当·斯密，其1776年出版的《国民财富的性质和原因的研究》一书开创了经济学研究的新领域，在研究经济增长因素的同时也对经济增长动态过程进行了分析，并着重提出了劳动创造财富。他认为比起其他影响经济增长的因素，劳动分工提高了劳动生产率，是提高生产力的最主要因素，劳动的分工创造了更多的财富。另外，由于劳动分工，劳动者的劳动成果只能满足一小部分需求，为了满足生活的需求要进行交换，而交换的商品中附加了劳动力的价值，随着商品的交换，促使了个人财富的增加，随着生产交易过程的扩大，社会财富也在增加。此外，该著作在论述如何增加国民财富时还指出增加生产性劳动力也可以推动财富的增长，而生产性劳动力是随着资本的增加而增加的。他阐明了经济增长与劳动分工、技术进步和资本积累之间的内在联系，并指出资本积累是促使劳动分工和技术进步的决定性因素。

大卫·李嘉图在1817年发表的著作《政治经济学及赋税原理》中通过考察资本主义发展过程中工资、利润和地租三者之间的关系、发展变化规律以及影响这种关系的外部因素，研究了资本主义经济增长的相关问题。他认为经济增长的动力是生产过程中形成的资本积累，在阐述工资、利润和地租三者关系时，指出利润取决于地租和工资，维持劳动者及其家属生产所必需的生活资料的价格长期保持不变，而土地会随着经济的发展而日益减少，地租也会因为土地的锐减而增加。如果地租持续增长，使得资本家可获得的利润为零，经济也就失去了增长的动力。

从上面的理论可以看出，古典经济增长理论指出了劳动、资本、土地和技术等生产要素在经济增长中的作用，也提出了自然资源在经济增长中不可忽视的作用。然而，由于当时的经济发展状况，学者们过于重视土地对农业生产的制约，忽视了技术进步的持续性。

（二）新古典经济增长理论

新古典经济增长理论被认为是现代意义上的经济增长理论，该理论源于哈罗德—多马模型及其修正和扩展。哈罗德和多马分别在 1939 年和 1946 年发表的论文中提出了含义相同的经济增长模型，被称为哈罗德—多马模型。该模型认为经济增长函数为：$G=S\varphi$。G 表示经济增长率，S 表示资本积累率（储蓄率），φ 表示产出与资本的比值，即资本的生产率。该模型假设社会只存在一个部门，该部门只生产一种既是消费品也为投资品的产品，该产品可以作为资本存量来积累。假设不存在技术创新，且资本和劳动按固定比例投入，储蓄能够有效地转化为投资，资本的生产率保持不变。在这样的假设下，储蓄率就成为经济增长的唯一动力，突出了资本积累在经济增长中的作用，强调增加投资来推动经济的增长。虽然该模型的假设与实际存在较大出入，具有一定的缺陷，但是该模型的提出让经济增长理论的研究转变成了用数理工具建立规范模型来讨论经济增长的问题。

萨缪尔森、米德、斯旺和索洛等学者为了弥补上述哈罗德—多马模型的不足之处，提出了新古典经济增长模型。根据新古典理论，哈罗德—多马模型的结论“刀刃”增长路径通过合适的方式是完全可以避免的。他们认为，一国经济增长达到均衡水平的保障受两个因素的影响：即市场机制与外生技术进步。其中的市场机制因素能够调节生产中劳动和资本的最佳配置比例，而技术进步这一因素能推动人均总产出的长期增长。

新古典经济增长模型中存在的一个假设是居民储蓄 S 会全部转化为投资 I，资本与劳动两种生产要素可以互相替代并且这两种要素的边际收益递减。借助科布—道格拉斯生产函数，学者们发现各个经济体几乎最终都会收敛于基本相同的增长路径，人均产出低的国家具有比较高的经济增长速度，当其越趋近于均衡水平时经济增速就越低。新古典增长模型的最重要贡献就是改进了古典经济理论中的一般均衡工具和边际分析，并首次提出了技术进步的概念。该理论的出现成功解释了卡尔多归纳的经济增长六条标准化事实中的五条，也在发达国家的经济实践中印证了技术进步的重要性。新古典经济增长理论的不足之处在于它依然没有认清经济增长的真正源头，它提出的外生增长变量技术进步要素，使影响经济增长的因素成为一个未知的“黑匣子”。

（三）新经济增长理论

新经济增长理论最主要的研究成果是克服了新古典经济增长理论研究的两个重要缺陷。首先，世界各国之间长期存在的增长差异无法解释。在新古典经济增长理论的研究成果中，各个经济体经过长期发展在长期增长过程中基本会趋于一致，最终收敛。产生这种情况的原因可归结为从长期看各经济主体的增长速度与技术进步的速度是趋同的，而技术进步的速度是由外部决定的，当各经济体的技术进步速度相同的时候，其经济增长速度也会相同。但是，这种结论与事实存在明显的差异。其次，该理论也无法解释技术进步的来源是什么。为解决上述两个缺陷，阿罗在其 1962 年提出的“干中学”增长模型中试图尝试发掘技术进步的来源。在该模型中，阿罗首次将之前一直外生的技术进步要素内生化，并假设是资本的积累才最终推动了技术进步，资本的投资是有溢出效应的。在物质资本投资过程中，厂家可以逐步积累生产经验，提高生产效率，其他厂家也可以“学习”先进经验，提高生产效率。当人口停止增长或减少时，经济增长就会停滞不前。这一结论与经济现实不符。

在阿罗研究思路的基础上，罗默进一步发展了新内生经济增长理论。在完全竞争的假设下，罗默继续研究并建立了新的模型。不幸的是，基于完全竞争假说，技术并不具有竞争性和排他性，这与实际经济状况并不相符。因此在 1990 年罗默对模型进行了改进。

二、现代经济增长理论

上述经济增长理论对资源特别是能源与环境两类因素考虑得较少，对劳动、资本、技术和制度等因素考虑得较多。从20世纪70年代开始，随着环境污染和资源短缺的问题逐渐凸显，广大学者开始关注影响经济增长的资源与环境问题。在这样的前提下，现代经济增长理论应运而生，其内容包括以下两点：

（1）将环境因素纳入新古典增长模型。20世纪70年代，能源与环境的矛盾加剧，促成了增长极限理论的诞生。增长极限理论对经济学家产生了启发，开始考虑资源和环境对经济增长的综合影响。其中最有代表性的是在库普曼斯模型研究框架中引入资源和环境两个因素，将环境污染存量作为自变量之一纳入生产函数与效用函数中，利用最优控制理论求解消费者跨期最优消费问题。

（2）将环境因素纳入新经济增长模型。20世纪80年代新经济增长模型的不断出现为环境因素纳入经济增长模型提供了基础，Grades和Smulders（1993）采用内生增长模型研究了环境污染对优化技术选择和经济长期增长的影响，并认为环境污染是生产中物质资本的副产品，经济的内生最优增长率是否会受到环境保护的影响取决于人力资本对污染的反馈而不是物质资本，公共资金的边际成本下降（上升）在政府相对于公共消费和减排支出中可以忽略不计；Lighart和Vander Plgeg（1994）用内生增长理论研究环境政策对经济增长速度和公共产品供给的影响，把环境污染作为生产的必然附属品纳入模型中，认为污染导致了环境的负外部性，而政府则面临着内部环境的效应和为公共开支提供资金的双重任务。

三、效率和生产率增长理论

效率和生产率增长的理论成果主要包括以下四种：马克思的生产率理论、古典经济学的分工促进效率增长理论、竞争效率理论以及新古典经济学的配置效率理论等。

（一）马克思的生产率理论

马克思认为经济主体的竞争力就是其在追逐剩余价值的过程中不断提高自身生产力，他认为经济主体之间的竞争是可以从三个层面来不断展开的：第一个层面是成本的竞争，在追逐剩余价值的过程中，单个资本家通过不断提高劳动生产率来降低其生产成本。第二个层面的竞争是质量竞争。随着成本竞争，成本逐渐被压到最低。为了进一步提高竞争力，经济主体开始不断提高产品的使用价值并改善质量来获取市场份额、吸引客户。第三个层面的竞争是不同产业部门之间的竞争，这种竞争是对投入资本的竞争，资本流动性越高、流入资本越多的部门竞争力就越高。这三个层面的竞争其实都是围绕价值的决定、价值的实现以及剩余价值如何分配来展开的，是马克思生产率理论和竞争理论的核心研究内容。

另外，在竞争的过程中，马克思认为资本主义经济中存在着这样的竞争过程：个别企业通过采用新工艺提高生产率→个别企业产品价值下降→个别企业产品的价格低于市场均衡价格→个体企业获得超额利润→出于获得超额利润的竞争部门生产力普遍提高。从这里可以看出，马克思认为在竞争过程中，竞争力的来源其实就是生产率的提高，个别企业以提高生产率或者生产技术为手段来获取竞争力。可以看出，企业之间的竞争以单个企业提高生产率为前提，最后会强制要求部门内的所有企业提高劳动生产率，否则将会被市场淘汰。马克思在研究国民经济按比例发展规律时发现，竞争的结果会调节生产，最终使其按一定的比例发展，这一比例就是部门之间生产力的技术构成，通过该生产力的构成比例使商品的最终价值发生变化。

（二）古典经济学的分工促进效率增长理论

古典经济学的各个研究成果中其实并没有明确地提出效率的概念，也没有学者专门建立效率的理论，但是古典经济学派认为的经济自由主义里面藏着非常深刻的分工促进效率提高以及竞争促进效率提高的思想。

分工促进效率提高理论。在古典经济增长理论中我们也提到过，古典经济学的代表人物亚当·斯密首次提出了劳动生产率概念，其《国富论》非常重视劳动生产率的提高对于强国富民的重要作用。他研究认为国民财富也就是国民的收入水平以及福利水平的多少会受到两个因素的影响支配，这两个因素分别是劳动生产力和劳动者人数比例。根据亚当·斯密的这一思想，一个国家国民收入或者财富形成的公式为：国民财富=有用劳动量×劳动生产力。亚当·斯密认为上述两个因素中，劳动生产力因素相比劳动者人数比例因素在增加国民收入和财富中的作用会更为重要，而劳动生产率的最终提高在于劳动分工，劳动分工之所以能促进生产率提高有以下原因：劳动者的生产技巧因专业化分工而日益增加，有了专业化分工就可以减少劳动者工作转换所浪费的大量时间，其中最能提高劳动生产率的就是机械发明，各种机械发明可以简化劳动以及缩减劳动需要的时间，这就使一个人能够做许多人的工作。①

（三）竞争效率理论

古典经济学家虽然没有提出竞争效率等相关概念，但是亚当·斯密所阐述的“天赋自由与竞争体系”思想的实质就是竞争效率。亚当·斯密认为劳动分工能够提高生产力的原因在于市场的交换，市场范围越大则分工越细致，市场的广度决定分工的深度。交换中贯穿着自由竞争，竞争是交换的灵魂。按照亚当·斯密的逻辑，交换和竞争决定了劳动生产率，劳动效率的高低取决于竞争效率的高低。竞争一方面淘汰了生产效率较低的企业，产品由生产效率较高的生产者供应。另一方面交换中产生的“自然价格”给消费者带来了好处，因为生产者的相互竞争使得消费者无须花高价购买产品。无论从生产者的角度还是从消费者的角度来看，竞争都会促使社会资源利用达到最佳效率，为此国家对经济的干预应该降到最小。

（四）新古典经济学的配置效率理论

新古典经济学研究者们的主要研究对象是稀缺的资源在全社会范围内

---

① 亚当·斯密．国民财富的性质和原因的研究（上卷）[M]．北京：商务印书馆，1981.

的配置效率，也就是各种稀缺的资源在全社会各种不同用途之间的收益或效用区分。由于不同学者采用的研究方法不同，新古典经济学对配置效率的研究存在两个不同的分支，第一个分支的主要代表人物是马歇尔，他主要采用供求局部均衡分析的方法来研究配置效率。在研究过程中，马歇尔假设完全竞争的生产者是一个具有“代表性”的企业，并认为代表性企业的边际成本函数就是供给函数，而市场供给函数即为所有企业供给函数的代数和。与此相同，从消费者的角度来说，消费者的边际效用函数是它的需求函数，由此，供给函数与需求函数的联立解即为均衡价格和均衡产量，完全竞争市场由于满足均衡价格等于边际成本的条件，从而可以实现配置效率的最优，可用社会总福利最大化表示，社会总福利是消费者剩余与生产者剩余之和。① 第二个分支的代表人物是帕累托，他在瓦尔拉斯总体均衡分析基础之上对效率做出了如下定义：如果既定的资源配置状态的改变使得至少有一个人的状况变好，而没有使任何人的状况变坏，则认为这种状况是“好”的，否则认为是坏的。更进一步，利用帕累托标准和帕累托改进，可以定义所谓的“最优”资源配置，即如果对于某种既定的资源配置状态，所有的帕累托改进均不存在，任意改变都不可能使至少有一个人的状况变好而又不使任何人的状况变坏，则这种状态就是实现社会福利最大化的资源配置最优状态，后人将这种最优配置效率称为帕累托效率。完全竞争市场是实现帕累托效率的充分必要条件，具体地说，帕累托效率需要同时满足三个条件：第一，交换的最优条件，即需求中的竞争实现所有商品边际替代率相等；第二，生产的最优条件，即供给中的竞争实现所有要素的边际技术替代率相等；第三，生产和交换的最优条件，商品的边际替代率等于他们的边际转换率。② 新古典经济学将任何偏离帕累托效率的状况一概称为“市场失灵”，将完全竞争市场作为最理想的状态。因而，为实现配置效率，他们十分强调市场的竞争性，反对垄断对效率的损害。熊彼特对新古典学派资源配置理论的诠释是：资源的各个单位在各

---

① 阿弗里德·马歇尔．经济学原理［M］．北京：华夏出版社，2005.

② 高鸿业．西方经济学（微观部分）［M］．北京：中国人民大学出版社，2006.

种可能的途径之间进行分配以便获得同等的边际满足，即对所有的家庭来说，价格必须同消费品的边际效用成比例。对所有的厂商来说，货物的价格必须同它们的边际生产率成比例。①

（五）其他相关效率理论

除了主流观点外，经济学家对效率的概念一再加以改进，提出了各种效率学说的版本，综合起来有以下几种观点：一是英国剑桥大学经济学家 M. J. Farrell（1957）从微观层面对企业的效率做出了定义。二是不少学者对 M. J. Farrell 的观点做了进一步的扩展。Kalirajan（1994）认为，经济效率（economic efficiency）是技术效率和配置效率的综合反映。Whitesell 等（1994）认为，经济效率就是一种生产单元在既定的生产目标下的生产能力，也就是指在恰当的生产可能性曲线上的恰当的点。经济效率同样分为技术效率（technical efficiency）和配置效率（allocation efficiency）。一种经济运行状态可以是技术效率比较高但是配置效率比较低，也可以是配置效率比较高但技术效率比较低的。② 经济沿着生产可能性曲线移动表示配置效率的变化，整个生产可能性曲线移动时则表示动态效率的变化。技术效率和 X-效率也是有区别的，技术效率可以被分解为纯技术效率和规模效率，而X-效率则排除了技术效率中的规模效率和范围经济效率。③

四、可持续发展理论

新经济增长理论解开了经济持续增长的谜题，“二战”后经济的高速发展印证了这一现象。与此同时，片面追求经济的高速增长，造成自然资源被大量开采使用，资源枯竭、环境恶化，对人们的生产、生活甚至生存

---

① 车圣保．效率理论述评［J］．商业研究，2011（5）：31-35.

② Whitesell，Robert S. Industrial growth and efficiency in the United States and the former Soviet Union［J］．Comparative Economic Studies（Association for Comparative Economic Studies），1994.

③ Rawski，Thomas G. Milton Friedman，silver and China［J］．Journal of Political Economy，1993.

都造成了严重威胁，使得人们不得不反思经济增长的模式和代价，资源和环境问题逐渐引起各主流经济学家的关注，对于可持续发展的研究越来越多（可持续发展、绿色发展、循环经济、环境经济学）。

（一）可持续发展理论

1972 年，以德内拉·梅多斯为代表的罗马俱乐部在其学术论著《增长的极限》里，对经济发展与人口、粮食、资源和环境污染的关系进行了系统分析，他们认为如果不转变经济增长方式，随着能源枯竭和环境继续恶化，人类发展将面临灾难性的毁灭，为发展的可持续性敲响了警钟。国际自然和自然资源保护联合会 1980 年受联合国环境规划署委托编纂的《世界自然资源保护大纲》，对可持续发展做出了定义，至此，对可持续发展的研究从理论走向实践。

（二）绿色发展

可持续发展要求转变经济增长方式，绿色发展源于可持续发展思想，传统的发展理念、发展思维、发展路径和模式出现了问题，难以为继，导致资源过度消耗甚至面临枯竭、环境污染和破坏严重、生态恶化等。绿色发展从一定程度上代表着经济从传统发展向可持续发展转变，是可持续发展的一种模式。

对绿色发展的研究始于绿色经济，该研究认为经济的发展应该与社会发展和环境保护相协调，绿色经济是受可持续发展理论影响的新经济概念，皮尔斯在 1989 年最早提出了绿色经济的概念，他把绿色经济定义为自然环境和人类自身能够承受的，不会因为人类盲目追求经济增长而造成生态危机与社会分裂；不会因为自然资源耗竭，就使经济呈现不可持续发展的模式。Kahn（2009）认为绿色经济试图通过与环境无对抗的经济行为，合理定位人与自然的关系。Ehresman Timothy G.（2015）认为绿色经济是一个模糊的概念，试图从环境正义的视角整合绿色经济的概念。Diego V. B.（2014）提出“绿色增长状态”的概念，认为绿色增长具有灵活多样的政策组合、价值驱动的多方多层次治理、公众信任与协作等特征。

除了提出绿色经济的概念之外，国外还从20世纪70年代开始研究绿色国民经济核算问题。Robert Repletion等（1989）提出了一个“国内净生产指标”，着重研究经济增长与自然资源消耗之间的关系。20世纪80年代初世界银行又正式提出了“绿色核算”的概念。从20世纪90年代开始对绿色经济的核算进入了多指标综合测度体系。

（三）创新发展

创新发展解决的是可持续发展的动力问题，用创新驱动代替已有的资源要素投入。从熊彼特（1912）提出“创新”的概念之后，经济学研究就开始逐渐把创新纳入经济增长理论，将其视为经济增长的动力源泉。迈克尔·波特（2002）提出了“创新驱动”的概念，他在《国家竞争优势》一书中，把一个国家的经济发展分为四个阶段：要素驱动、投资驱动、创新驱动和财富驱动，认为创新是处于经济发展较高阶段的经济体经济增长的动力源泉。

技术创新。创新的概念提出以后，最先兴起的是对技术创新的研究。新古典经济理论和内生增长理论的经济学家都认为技术创新是经济增长最根本、最持久的动力。技术创新包括研发（R&D）、改进和扩散。R&D是技术创新的重要途径。Grilliches（1973）最早将R&D和全要素生产率联系起来，把R&D引入C-D生产函数中，构造了一个新的知识生产函数。Coe和Helpman（1993，1995）通过研究发现一个国家的R&D存量和其自身的生产率具有正相关关系，构造出了基于创新的内生增长模型。发展中国家也能够通过技术引进实现技术创新并促进经济增长。

制度创新。制度创新的概念最早由诺斯（1973）提出，之后以戴维斯和诺斯等为代表的新制度经济学派开始了关于制度创新对经济增长促进的研究。新制度经济学认为经济增长是有效率的经济组织通过合理有效的制度安排来降低交易成本的方式。Mauro（1995）、Knack和Keefer（1997）、Hall和Jones（1999）、Easterly和Levine（2003）、Acemoglu（2001，2004）、Acemoglu和Johnson（2003）等通过研究证明了经济增长中制度创新的重要作用，制度质量越高，人均收入水平和经济增长率也越高。在对发展中国家的研究中，Coe、Helpman 和 Hoffmaister（2009），Jones、Charles 和 Romer（2010）认为制度变动是后发国家增长率产生差异的主要原因，制度质量是一个国家能否追赶成功的关键因素。

生态创新。可持续发展的概念其实最早来源于生态学范畴。欧洲委员会最早提出了生态创新的概念，认为生态创新是为了减少环境负面影响或者提高资源利用效率而进行的通过实质性改进的产品、过程、组织与营销方法。

（四）协调发展

协调发展主要研究如何解决发展的不平衡问题，实现经济和谐发展也是经济可持续发展的内在要求。发展的不平衡主要包括区域之间发展不平衡、城乡之间发展不平衡、居民或者不同经济体对财富占有不平衡、社会文明和国民素质等精神文明发展与经济社会物质文明发展水平不平衡等。协调发展的研究最早来源于区域经济之间均衡发展的理论，与此相对应的是经济之间不均衡发展理论。均衡理论最早由 J. S. Mill 于 19 世纪 40 年代提出，该理论认为完全竞争的市场机制可以驱动要素合理流转和配置，实现区域间要素价格的基本一致，达到区域均衡发展。但是在市场机制下这一实现需要一系列的假设条件。Rosenstein Rodan（1943）提出发展中国家应该对国民经济的所有部门都采用大规模投资的方式来促进其均衡增长，但没有考虑到专业化分工和比较优势的存在。Solow、Swan（1956）认为从长期来说，随着资源的自由流动，区域间的经济差异会逐渐消失。

（五）共享发展

共享发展解决的是社会公平问题，即让人民共享发展的成果。共享发展战略是在党的第十八届五中全会上首次提出的。坚持共享发展，必须坚持发展为了人民，发展依靠人民，发展成果由人民共享。我们必须加强制度安排，使全体人民在共建共享发展进程中增强共赢意识，增强发展动力，增进人民团结，稳步迈向共同富裕。共享发展是我国发展理念的出发点和落脚点。共享发展源于马克思主义理论，是对马克思主义发展观的继承和发扬。共享发展的内涵主要包括四个方面：全民共享、全面共享、共建共享、渐进共享。

全民共享：即全体人民共享，共享发展概念的核心内涵是发展要以人为本。共享发展的主体是全体人民，全体人民共享发展成果，每个人都有自己的位置，每个人都分享发展成果。全面共享：共同发展，就是要充分分享经济建设、政治建设、文化建设、社会建设和生态建设成果。共建共享：共同发展是共建共享的辩证统一。共享需要共同建设来促进，共同建设是为了共享，共享引导共同建设。渐进共享：共享发展是一个由低到高的渐进和均衡的发展理念。

五、效率评价的研究述评

Farrell（1957）首次提出了技术效率的概念，其站在产出角度认为生产效率是技术产出与潜在产出之比。随后效率研究和测度成了学者们研究的重点和热点。早期学者们在研究测算效率时，采用的投入指标仅仅是劳动力、资本等资源，没有考虑到工业发展最重要的能源，产出指标只有正产出，没有考虑到污染排放这种负产出。这里，按照效率评价有没有考虑非期望产出来分开评述。

（一）不考虑能源环境约束的效率评价

早期的学者在进行效率测度时，通常不考虑非期望产出对效率的影响。在对我国工业效率进行评价时多采用前沿分析法即边界生产函数法，边界生产函数法包括非参数的 DEA 数据包络模型、参数的随机前沿的 SFA 模型以及共同前沿的 MA 模型。

1. 参数分析法

Aigner Meensen 在 1977 年首次提出随机前沿生产模型。随后随机前沿生产模型在评价决策单元的技术效率和技术改进方面得到了大量应用。国内外众多学者采用随机前沿模型对不同区域、行业、产业的技术效率和全要素生产率进行了测度和评价。国外学者的研究包括：Mukherjee 等（2006）利用 DEA 超效率模型测度了印度制造业的效率；Ismail、Sulaiman（2007）运用 DEA－Tobit 模型测度了马来西亚制造业的效率；Pham（2010）运用 DEA 模型测度了越南制造业的技术效率；Zhou 和 Liu（2013）采用 DEA 模型测度了中国建筑业的技术效率和规模效率。国内学者的研究包括：姚洋、章奇（2001）采用随机前沿法对我国工业企业技术效率进行了测度，并对影响工业技术效率的因素进行了分析；刘小玄、李双杰（2008）采用 SFA 方法比较了我国产业之间和区域之间的制造业企业的效率；叶振宇、叶素云（2010）对我国制造业技术效率进行了测度。随机前沿法可以对全要素生产进行分解，得到技术进步、效率改进的状况。但是该方法必须要明确假定生产函数的具体分布和形式，具有比较强的理论约束限制，不适合复杂的经济社会背景状况。

2. 非参数数据包络分析法

DEA 方法是前沿分析法的一种，它可以通过构建生产前沿面，将各决策单元与前沿最优决策单元进行比较，得到相对效率值，并通过换算测量全要素生产率指数。国内外很多专家学者运用此方法研究不同产业、行业、企业以及区域的效率和全要素生产率问题。腾飞、吴宗鑫（2003）采用 DEA 模型对我国电力企业的效率进行了分析，但是未考察其随时间变动的趋势；龙勇、纪晓峰（2005）采用 DEA 模型对我国高技术产业的技术效率和规模效率进行了测度；常亚青、宋来（2006）采用 DEA 模型对我国工业分行业全要素生产率进行了测度，并比较了各行业效率变动的不同情况；唐帅、宋维明（2013）采用 DEA 模型计算了我国造纸业的技术效率；马建峰、何枫（2014）采用两阶段网络 DEA 模型测度了我国大中型工业企业的技术创新效率。

从以上研究内容来看，大多数文献都能够证明改革开放以来我国工业效率有显著的提高，但是这些文献都没有考虑能源、环境因素的影响。

（二）考虑能源环境约束的效率评价

传统的效率评价没有考虑资源、能源消耗带来的负产出，这种不考虑能源、环境约束影响而进行的效率评价存在一些偏差，其所得结论可能会对社会产生一些误导。因此，已有许多学者开始将能源、环境因素考虑在内，并将其纳入效率和全要素生产率的测算框架中，这一方面的研究也已经取得了重大进展。

从考虑非期望产出的研究文献来看，作为非期望产出的环境因素在研究模型中的位置和处理方式在不断发展变化。Fare（1989）最早提出非期望产出的弱可处置性假设，运用双曲线形式的非线性规划径向测度产出效率，在计算非期望产出的效率时，以双曲线的倒数曲线来测度，这种方法在实际运用中因非线性规划求解烦琐而受到限制。Berg 等（1992）、Reinhard（2000）、王波等（2002）将环境因素作为负产出越少越好这一原因，把资源环境因素作为投入变量处理，这种方法比较简单，但是会扭曲真实的投入产出关系从而导致测算结果的偏误。该种方法被称为投入处理法；Hailu 和 Veeman（2001）在测度环境效率时将非期望产出作为投入处理；随后，一些学者运用数据转换函数把越少越好的非期望产出转化为越多越好的一般期望产出处理。这种方法被称为产出处理法，其优缺点跟投入处理法类似，也违背了真实的生产过程，不符合效率评价的基本要求。Chung 等和 Färe 等（1997）以距离函数为基础，提出了方向性距离函数，并据此创造性地提出了 Malmquist-Luenberger 生产率指数。他们将该方法应用于瑞典纸浆厂的效率评价，根据污染物的弱处理性，构建了一种基于方向距离函数的 DEA 环境效率评价方法，在该方法中沿着特定的方向改进决策单元（DMU）的效率，能得到期望产出增加的同时非期望产出同比例减少的结果，而 ML 指数能测算出非期望产出存在时的全要素生产率，弥补了污染物投入处理法和产出处理法的缺陷。该方法面世之后，很多学者都使用它对考虑非期望产出的全要素生产率进行测度，但是该方法没有考虑松弛变量问题，角度和径向问题的选择也可能带来一些误差。

随后，Tone 提出非径向、非角度的基于松弛的（SBM）测算方法，并在效率测算评价中得到广泛应用。Chang 等（2013）运用 DEA-SBM 模型度量韩国港口效率，把货物重量和船舶总吨数作为期望产出，把二氧化碳污染物作为非期望产出。

Färe、Grosskopf 与 Fukuyama、Weber 在 Tone 的基础上进一步将方向性距离函数和 SBM 效率测度方法结合，不仅能从多角度对效率进行测算和评价，还能衡量投入或产出存在非零松弛时所产生的影响，使得绿色全要素生产率的测算更加科学、准确。

国内外学者运用上述不同的模型方法对我国区域环境效率进行了研究。李静采用非参数的 SBM 模型对 2005 年安徽省 43 家企业环境效率进行了评价，并指出非有效企业改进的目标。程丹润（2009）利用 SBM 模型分析了环境约束下我国各省市环境经济效率，并与没引入环境变量的经济效率进行了比较，得出考虑环境变量的经济效率小于没有引入环境变量的经济效率的结论。涂正革（2011）运用 SBM 模型分析各省市工业效率。潘丹（2013）运用非期望产出的 SBM 模型对我国 30 个省份的农业生态效率进行评价分析，提出各个省份农业生态效率的改善途径。韩洁平（2016）运用 DEA-SBM 模型分析了我国工业生态创新效率，测算把环境污染作为投入指标进行处理。

（三）文献述评

通过文献梳理发现，目前对我国工业效率和环境效率的分析中，研究对象多以工业效率为主，对环境效率的研究，尤其是省际层面工业环境效率研究的相关文献较少。特别是在影响因素分析上，很少有文献研究空间效应的影响。因此，本书首先对工业环境效率和全要素生产率进行了评价，然后探讨了空间效应对工业环境效率的影响，进一步深化了区域工业环境效率的研究思路。

第三章

中国工业发展、能源利用与环境污染的现状分析

一、我国工业发展现状及动态趋势

在我国工业化进程中政府扮演着重要的角色，改革开放以前，政府选择了优先发展重工业的战略，初步建立起相对独立的工业体系。改革开放以后，政府在前30年工业化的基础上，进行了以放权为主的改革，采取了压低生产要素（包括资金、土地等）价格与基础性产品（包括能源、资源等）价格、推进城市化发展、加大基础设施投资等一系列有利于工业化的政策，全面推进了我国这一时期工业化的进程。

（一）我国工业总体发展现状

20世纪80年代以来，我国工业持续高速发展，在贸易地位、产品竞争力、出口结构等方面都实现了较大的提升和改进，导致中国在全球制造业分工体系中的地位变得越来越重要。

1. 对外贸易总量和份额迅速提高

1980—2018年，我国货物进出口总额从381.4亿美元增至305 008亿美元，年均增长19.8%，比同期世界货物进出口总额的年均增长率（7.1%）高出一倍多。其中，出口总额从181.2亿美元增加到14 306.9亿美元，年均增长率为16.9%。另外，我国在世界贸易体系中的地位也开始大幅提升。1980年，我国在世界出口总额中的占比不到1%，位居世界第26位；1990—2000年，这一地位从第15位上升到第7位；2007—2010年，我国占世界出口总额的比重从8.7%上升到10.7%；2009年以来我国一直保持世界第一大出口国的地位。对外贸易的迅速发展直观地反映出我国参与国际产业分工的逐步深化和经济全球化进程的日益加快，在世界经济体系中，我国制造业发挥着愈加重要的作用。

2. 高附加值产品竞争力逐步增强

我国制造业的比较优势过去主要表现在低附加值的最终消费品上，专业化生产领域多集中在全球价值链的中低端环节。近十几年来，通过不断融入国际生产网络，我国制造业在附加值较高的中间品和资本品上的国际竞争力也在逐步增强。1998—2018 年，中间品出口贸易份额从 3.2%上升到 10.6%，高附加值的零部件出口份额从 1.8%上升到 9.7%，低附加值初级产品出口份额从 1.9%下降到 0.9%。我国制造业的专业化领域，正在逐渐从价值链的低端向中高端转移，这标志着：我国已不再是一个简单的“原材料加工基地”，逐渐以“制造基地”的角色参与到新一轮的国际产业转移和分工中。

3. 高技术产品出口比重不断提升

目前，我国已成为世界高技术产品的最大出口国。1992 年，中国、美国、日本和德国高技术制造业出口占世界出口总额的比重分别为 1.52%、21.72%、16.52%、9.89%；2000 年，上述各比重依次变化为 3.70%、18.12%、10.07%、6.98%；2003 年，我国的比重上升到 8.31%，超过日本（7.87%）和德国（7.96%）；2006 年，我国的比重进一步上升到 13.16%，略高于美国（12.5%），显著高于日本（5.98%）和德国（8.25%）；2018 年，我国高技术产品出口额达到 4924 亿美元，规模已跃居世界第一。然而，我国出口的高技术产品，其生产所需的关键零部件仍要从美国、日本等国进口，国内企业主要承担产品的加工组装环节，说明我国尚未真正成为高技术产品的创造者和输出者，在全球价值链上并不具有明显的技术优势，参与国际分工仍主要以成本优势见长。

4. 产业结构不断优化

我国工业企业在不断发展中，加快了兼并重组的步伐，在产业集中度上，也逐渐有所提高。“十一五”期间，国有企业兼并重组活动增多，中央直属企业由2006年初的169家整合到2010年底的122家，通过这种不断的兼并重组，大多数工业行业的产业集中度不断提高。2010年，前10家钢铁企业的集中度为48.6%，较2005年提高13.2个百分点，有11家钢铁集团粗钢生产能力超1 000万吨；前20家水泥企业集团产量占到全国产量的45%；前10家汽车企业产量占全国产量的86%，有5家汽车企业集团销量超百万辆。有一批大型企业集团随着规模不断扩大，进入了世界500强企业之列。2010年，我国大陆地区已经有44家企业进入世界500强，较2005年增加了29家。中国石油化工集团公司、国家电网公司和中国石油天然气集团公司三家企业进入世界500强前十位。中小企业发展活力增强。

5. 地区差距有所缩小

“十一五”期间，我国工业经济区域结构发生明显变化，地区发展差距有所缩小。随着西部大开发、振兴东北老工业基地以及中部地区的不断崛起，我国基础设施建设的步伐不断加快，区域投资环境也开始不断改善，中西部工业经济增长速度逐渐赶超东部地区。2010年，中、西部地区规模以上工业增加值分别增长18.4%和15.5%，比东部地区分别高出3.5个和0.6个百分点；工业增加值占全国比重分别为21.9%和15.0%，较2005年分别提高3.1个和2.7个百分点，而东部地区同期下降5.8个百分点。

6. 技术创新能力稳步提升

首先，我国工业企业技术创新方面的投入持续加大，2018年大中型工业企业R&D经费内部支出1.9万亿元，是2005年的25倍，年均增长22.6%；R&D人员全时当量438.1万人，是2005年的将近10倍，年均增长21.3%；R&D经费占主营业务收入比重1.06%，较2005年提高0.5个百分点。其次，企业创新主体地位进一步突出。截至2018年底，规模以上工业企业中有R&D活动企业数为114 467个，比2015年相同指标增加119%；有R&D活动企业所占比重比2015年增加7.1个百分点。再次，技术创新成果斐然。“十二五”期间工业企业专利申请的数量和质量均大幅提高。2018年我国大中型工业企业专利申请数是2015年的2.8倍。其中，发明专利是 2005 年的 5. 28 倍。国内企业有效发明专利授权数占企业发明专利申请受理数的 25. 2%，较 2015 年提高 6 个百分点。最后，新产品销售收入大幅增长。2018 年大中型工业企业新产品销售收入为 88 650 亿元，较 2015 年增长 2. 14 倍。新产品出口 20 223. 1 亿元，较 2015 年增长 265. 5%。

（二）我国工业发展的阶段性特征和动态趋势

虽然我国工业在近年来取得了举世瞩目的成就，但是分析我国工业化进程的阶段性特征和动态趋势，仍然可以从中总结出不少经验和教训，为未来的发展方向提供佐证。

1. 工业总体发展的阶段性特征

进入 21 世纪以来，我国工业增加值占国内生产总值的比重呈现先基本稳定后下降的变化趋势，见图 3-1。

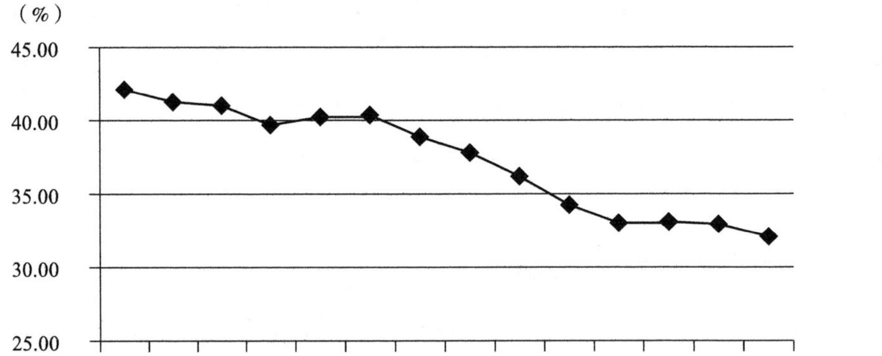

图 3-1 2006—2019 年我国工业生产总值占全国生产总值比重

由图 3-1 可以看出，我国工业增加值占全国 GDP 的比重从 2006 年到 2011 年一直相对比较稳定在 40%上下，而 2011 年之后，该比重呈现下降趋势，从 2011 年的 40. 37%逐渐下降到 2019 年的 32. 08%。我国从整体上迈入了工业化后期阶段。

2. 分区域工业发展的变动趋势

图 3-2 给出了 2006—2018 年分区域工业增加值占区域生产总值比重的变动趋势图。

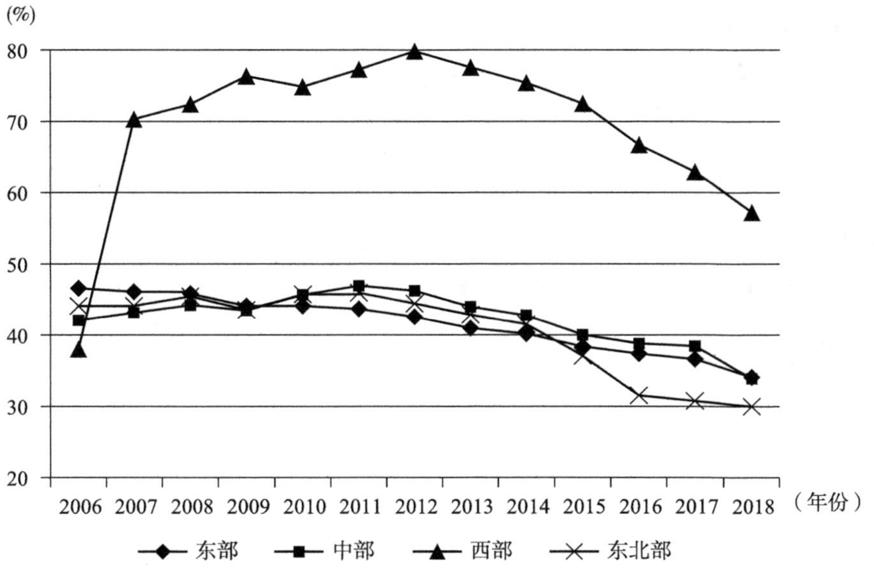

图 3-2 2006—2018 年分区域工业增加值占地区生产总值比重的变动趋势

由图 3-2 可知，我国四大经济区域的工业增加值比重呈现基本相似的变动趋势，即先上升后下降，但其上升和下降的幅度有所不同。东、中和东北地区变动的幅度小，西部地区变动的幅度比较大。2006 年，西部地区的工业化率仅为 38%，工业仅占地区所有产业产值的1/3左右，随着西部大开发的开始，到 2007 年，国家对西部的投资加大，主要投资于西部工业的发展，西部的工业化率在 2007 年增加到 70%，工业增加值的比重几乎增加了一倍。之后随着西部大开发步伐的加大，截至 2012 年，西部地区的工业化率增加到最高的 79%，几乎占到西部地区所有产业产值的 3/4，从 2006 年的 1/3 到 2012 年的 3/4，五年时间西部工业得到了极大的发展。东部地区的工业增加值比重在 2006 年是四个区域中最高的，达到 46%，几乎是东部地区所有产业产值的一半，但到 2018 年东部地区的工业化率降低到了 34%。从 1/2 到 1/3，东部地区不断把工业进行阶梯化转移，大力发展服务业和高新技术业。东北地区的工业增加值比重变动趋势也高于其他地区，2006 年东北三省的工业化率为 44%，随着东北工业的崛起，其工业化率到 2014 年一直保持在 40% 以上，2014 年之后其工业化率开始下降，到 2018 年东北地区的工业增加值比重是四个地区中最低的。“十五”期间，中部地区的工业比重一直保持在 40% 左右的稳定状态，进入“十一五”以来，随着中部崛起工作的不断展开，中部地区工业进入快速发展时期，从 2006 年开始，其工业比重连续三年增加，虽然 2008 年受到金融危机的影响，2009 年西部地区工业又受到冲击，但在 2010 年工业比重又恢复到较高水平。

3. 高技术产业发展的主要趋势

图 3-3 给出了 2009—2018 年各经济区域高技术产业[①]总产值占区域工业总产值比重的动态趋势。

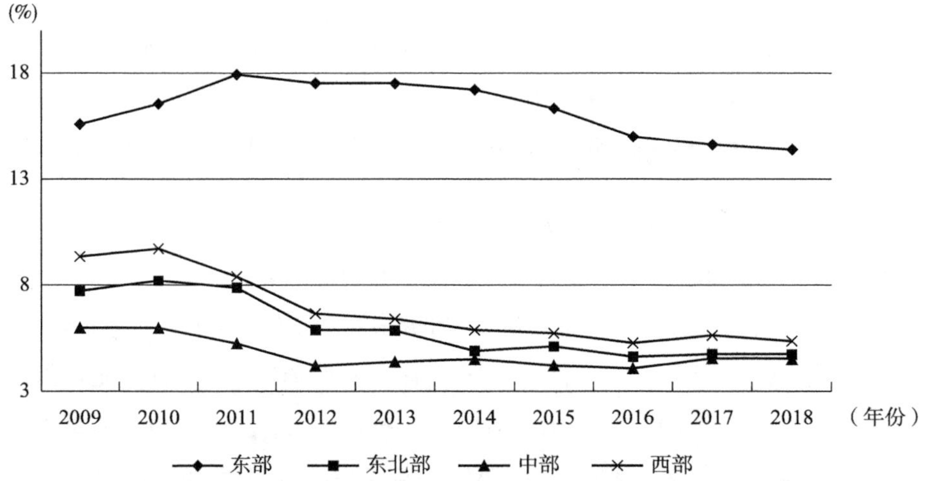

图 3-3　2009—2018 年各经济区域高技术产业总产值占区域工业总产值比重的动态趋势

从图 3-3 可以清晰地看出，我国高技术产业呈现非常明显的地理集中特征，东部地区，尤其是长三角、珠三角和环渤海地区是我国高技术产业

① 根据国家统计局的统计口径，我国高技术产业主要包括医药制造业、航空航天器制造业、电子及通信设备制造业、电子计算机及办公设备制造业以及医疗器械及仪器仪表制造业。

的主要集中地，这也使得东部地区的高技术产业总产值占工业总产值的比重一直遥遥领先于其他三个区域，中部、西部和东北部地区的高技术产业比重差异性较小，对三个地区高技术产业比重进行总体比较，西部地区略高于东北部地区，东北部地区略高于中部地区。不过从各个地区高技术产业比重的变动特点看，四大经济区域均呈现逐年下滑现象，尤以东部地区更加明显。

目前，我国高技术产业总体规模位居世界第二，但是与一些发达国家相比，在工业结构比重中，我国高技术产业的比重还较低，特别是高技术产业的比重不断走低的现状非常值得关注，这在一定程度上也反映出我国产业结构调整的任务还十分艰巨。

（三）我国工业发展的优势和劣势

1. 我国工业发展的比较优势

在新一轮国际产业转移的浪潮中，我国市场化水平的提高，全方位开放格局的形成，工业体系的完善以及土地、劳动力、政策等成本优势与跨国公司在全球范围内寻求最佳价值链布局的经营战略相吻合。在此基础上，中国成为主要的世界制造业基地的趋势日益明显。

第一，劳动力成本相对较低且素质有所提高。目前，我国大多数地区都开始不同程度地提高最低工资标准，这使得我国劳动力成本有所上升。然而，比较优势是一个相对概念，不能仅以成本的绝对数量来判定我国缺乏成本的相对优势。与发达国家相比，我国在劳动力成本上还是存在较大的比较优势的。2019 年，我国制造业雇员的月平均工资为 4 467 元（约为 640 美元），这一工资水平分别接近美国的 10%，英国的 7%，日本的 12%。同时，我国也加强了人力资源培训以全面提高劳动者素质。《中国人力资源状况白皮书 2019》的统计资料显示，我国在近几年逐步构建了分层分类的专业技术人才继续教育体系。与其他发展中国家和地区，特别是印度、东亚等国家和地区相比，我国长期以来的成本优势确实会因为劳动力成本上升而受到冲击和削弱。然而，我国在产业技术水平、基础设施环境等方面赢得了竞争优势。因此，这种劳动力成本优势和产业技术优势的双重叠加将有力地促使我国在新一轮世界制造业转移浪潮中取得得天独厚的制胜先机。

第二，消费品市场需求潜力大。目前，我国消费品市场具有较大的需求空间。2019 年，我国社会消费品零售额在扣除价格因素影响后的实际增长速度接近 18.4%。在当前调结构、扩内需的背景下，我国的消费品市场需求有进一步扩大的趋势。在消费环境方面，城市居民的最低生活保障标准、企业最低工资标准都开始稳步提高，这有利于全面增加居民收入，住房、汽车等消费政策日益完善，个人诚信体系建设加快，这些都促使国内消费环境不断优化。在消费热点方面，我国的中产阶层（以人均收入超过 5000 美元为标志）正处于不断成长和扩大阶段，据估计，这一阶层的收入规模目前已达 2.4 亿元，未来将有望达到 6 亿~8 亿元，由其主导的住房、汽车、旅游、教育等消费热点将带动消费需求增长。在税赋负担方面，近几年我国的个人所得税起征点不断上调，这一税制改革举措无疑有助于提升工薪阶层的可支配收入水平，从而增强国内消费品市场的购买力。在城乡一体化方面，截至 2018 年，我国城市化水平始终保持每年 1~1.5 个百分点的增速，城市化进程的不断推进将极大地促进城乡居民收入平均水平的提高，促进农村消费向城市消费转变。这些因素相互影响并共同促进国内消费品市场释放出巨大的需求潜力，从而使我国成为国内外制造企业竞相开拓和争夺的领地。

第三，基础设施配套较完善。基础设施是工业化与制造业发展的辅助系统，当今的制造业中心同时也是物流中心，基础设施的优劣直接关系到经济活动延展性的大小、运输成本、运输时间和信息流动与辐射，从而直接影响制造业的健康发展。长期以来，中央及地方政府为扩大内需、拉动 GDP 增长而实施了积极的财政政策，在工业园区基础设施建设以及交通、水利、能源、通信、环保等基础设施建设方面创造了良好的投资环境，使国内基础设施状况明显改善，也为我国工业和制造业的发展提供了强有力的支撑和保障。与其他国家和地区相比，我国各级政府在加强基础设施建设上所发挥的作用都非常突出。另外，从国家和地方的“十二五”规划来看，市政公用事业仍处于大发展的历史机遇期。因此，国内基础设施条件将进一步完善，为工业和制造业发展提供更好的保障。

2. 我国工业发展的比较劣势

尽管具备一些明显的比较优势，但我国工业在谋求跨越式发展的进程中也面临着不少问题和挑战。

第一，我国工业目前还处于国际产业链的中低端环节。一方面，尽管近些年国内高技术产业取得了较大发展，但我国制造业参与国际产业链分工的比较优势仍主要体现在低成本上，产业竞争力集中于低附加值、劳动密集型的加工和组装环节，对国外核心技术和关键零部件的依赖性较大，所获取的利益空间十分有限。世界营销大师科特勒曾披露，由中国贴牌加工并在美国纽约销售的“BOSS”牌衬衫，通常由渠道商获取销售利润的60%，品牌商获取30%，而制造商仅获取10%。在竞争激烈时，我国的出口加工企业有时还为抢夺订单而报出8%的低价。不仅在纺织服装领域，在中小型家电、集成电路等领域也是如此。格兰仕、华虹、中芯国际等企业为了保证稳定的海外订单，都不惜将自身利润空间压缩到3%~5%。由于不能自主掌控产品生产的核心技术和上游价值链环节，一旦国际经济形势变坏，这种被动局面无疑将对我国企业的资金链产生巨大冲击，从而影响制造业和国民经济的平稳、健康发展。另一方面，与我国毗邻的其他国家，如新加坡、印度等，都在极力宣传其劳动力、原材料价格低廉的比较成本优势。显然，我国制造业若不尽快摆脱以加工贸易为主的发展模式，加快对核心技术的自主研发，将会在全球价值链分工中陷入更为尴尬的境地，“中国制造”向“中国创造”转型也将成为空谈。

第二，我国制造业缺乏具有国际竞争力的大型公司。2018 年我国企业500 强名单中，只有 32 家制造业企业进入前 100 位，13 家进入前 50 位。其中，中国石油化工集团公司以 2. 62 万亿元的营业收入位居制造业榜首。其余进入前 50 位的制造业企业则集中于第 13~50 位，营业收入为 0. 12 万亿~0. 27 万亿元，平均水平约为 0. 17 万亿元。这种企业经营规模的“两极化”“双梯队”的分布特点在国际企业排名中体现得更为突出。

第三，我国制造业提升自主创新能力任重道远。目前，我国大部分制造企业的技术研发和创新能力仍然较为薄弱，生产所需的关键零部件大多依赖进口，尚未掌握新产品开发的主动权。即便在电子元器件等较高技术领域，情况也是如此。这些产业大都由大型跨国公司主导，外资企业资产占产业总资产的比重达到50%以上，一些细分行业更高达65%以上。然而，外资企业在华投资是其产品价值链全球布局的战略使然，更多看重的是中国以比较成本优势为基础的再加工组装环节上的可利用价值，真正决定产品价值的研发、设计环节仍保留在跨国公司的母国总部。国际金融危机后，欧美国家重新重视和发展制造业，使得全球产业竞争更为激烈。在这一背景下，我国制造业自主创新能力的提升更为紧迫和严峻。一方面，欧美国家的“再工业化”战略旨在用现代高技术改造国内的传统制造业，重振其产品的国际竞争力，从而增加了我国制造业产品争夺国际市场的难度；另一方面，欧美国家的“再工业化”战略还更加注重新兴产业的发展，依托其现有的技术领先优势，更易于先行抢夺产业发展周期的制高点，使我国同类产业面临着“始终处于后发者行列”的窘境。从根本上讲，创新型、高素质的专业研发人才是提升自主创新能力的关键。对我国制造业而言，人才匮乏是一个长期未得到根本解决的“短板”问题。《中国科技统计年鉴（2019）》的统计数据显示，2019年我国每万人劳动力中从事R&D活动的研究人员仅为32人，这一比例约为美国的22%、日本的20%以及英国的26%。当然，人力资源储备无论是量还是质都不是一蹴而就的，需要多方位的举措共同而长期地推动。综上所述，我国制造业提升自主创新能力，任重而道远。

二、我国能源约束的状况分析

能源消费状况不仅直接关系到国民经济特别是工业经济增长的速度和质量，而且关系着环境状况和社会生活问题。随着我国工业化进程的持续推进，工业对资源和能源的依赖程度越来越深。与此同时，以化石能源为主体的能源消费结构不仅会排放出大量二氧化碳等废气，造成全球气候异常，还会带来严重的环境污染等其他问题。因此，在一定程度上，能源消费结构是否合理，可以说是衡量一个国家经济发展状况的十分重要的指标，也是判断一个国家或者区域经济发展可持续度的重要指标。从整体上来说，我国是一个能源储量相对短缺的国家。煤炭、石油和天然气是我国主要的能源矿产，但是受制于“富煤、贫油、少气”的资源约束，我国的能源消费结构仍然呈现以煤炭消费为主的特征。从 1992 年开始，我国的能源消费总量开始超过能源生产总量，这标志着我国已经成为一个能源进口大国。另外，清洁能源的使用比例不断提高，能源消费结构也在不断发生变化。

（一）我国能源资源储量

长期以来，我国乃至全球所有国家工业发展的能源需求依赖于传统的化石能源，且对太阳能、风能和核能等新能源的开发利用前期也离不开传统化石能源。从人均储量水平来看，我国能源储量远低于世界平均水平。2018 年可探明储量的煤炭为 17 083 亿吨；石油剩余技术可采储量为 35. 74 亿吨；天然气可探明储量为 57 927 亿立方米。我国石油、天然气、煤炭总储量占世界总资源量比重小，储产比远远落后于世界平均水平。从总体上来看，我国能源资源禀赋具有以下特征：

第一，我国的煤炭资源相对丰富。2018 年可探明储量的煤炭为 17 083 亿吨，占世界总储量的 13. 3%，仅次于美国和俄罗斯，位列世界第三。除此之外，我国目前还是全球煤炭开采量和煤炭出口量最多的国家。煤炭进口量从 2006 年的 3 811 万吨增加到 2019 年的 29 967 万吨，13 年来，煤进口量增长了 7. 8 倍。另外，我国煤炭资源丰富，但地理分布不均衡。我国煤炭资源的区域分布特征是北方多南方少，西部多东部少。新疆和内蒙古的煤炭储量分别达到 2 800 亿吨和 6 500 亿吨，约占全国煤炭储量的 60%。中国西南地区煤炭资源主要集中在贵州省，有 542 亿吨，居全国第五位。值得注意的是，我国煤炭探明储量增长缓慢，而煤炭进口量依然维持在 2 亿吨以上且逐年增加。煤炭仍然是我国需求最大的能源。在能源结构尚未成熟的情况下，如何提高我国的煤炭质量已成为当务之急，建立煤炭储备制度，对我国能源战略以及减少煤电矛盾、降低自然灾害至关重要。

第二，就石油资源和储量而言，我国的储量相对较少，主要集中在渤海湾、松辽、塔里木、鄂尔多斯等 8 个盆地，其中已探明石油储量占全国总储量的 80%。“十二五”以来，我国石油资源的战略地位愈加突出，松辽、柴达木、渤海湾等大型含油气盆地实施油气储量增长高峰期工程，取得了重大进展。目前，长江南岸只有百色、三水和景谷三个小油田，占国家储量的 0.1%以下。国内石油产量不容乐观，难以满足经济发展对石油的强劲需求。从表 3-1 中可以看出，我国的石油探明资源储量增长缓慢，从 2015 年到 2017 年仅增长了 0.4 亿吨，而原油进口量增长迅速，从 2015 年的 3.4 亿吨增长到 2017 年的 4.2 亿吨。

第三，我国天然气储量较为丰富，发展潜力较大。截至目前已探明天然气地质储量 9 万多亿立方米，储量主要集中分布在五大天然气产区，依次是鄂尔多斯、四川、塔里木、准噶尔盆地和南海海域。天然气的探明储量虽然不断增加，从 2006 年的 30 009 亿立方米增加到 2017 年的 55 221 亿立方米，但是进口量也在不断增加，从 2006 年的 10 亿立方米增加到 2017 年的 946 亿立方米。显然，我国天然气的开采量满足不了其不断增加的使用量。

表 3-1 我国能源储量及进口量状况

	2006 年	2010 年	2015 年	2016 年	2017 年
煤炭探明资源储量（亿吨）	11 597.8	13 411.9	15 663.1	15 980.0	16 666.7
石油探明资源储量（亿吨）	27.6	31.7	35.0	35.0	35.4
天然气探明资源储量（亿立方米）	30 009.0	37 793.2	51 939.5	54 365.5	55 221.0
煤进口量（万吨）	3 811	16 310	20 406	25 543	27 090
原油进口量（万吨）	14 517	23 768	33 550	38 101	41 957
天然气进口量（亿立方米）	10	165	611	746	946

（二）我国能源资源生产量与消费量

根据 2006—2019 年中国能源消费总量演变过程：从总体上看，2006

年到 2019 年能源消费总量持续上升，2006 年能源消费总量为 28 亿吨标准煤，2019 年消费总量达到 48.6 亿吨标准煤，增加了将近一倍。从能源消费量的增长速度来看，2006 年到 2012 年能源消费增速趋缓，2012 年到 2015 年增速持续下降，2015 年之后又开始上升（见表 3-2）。

首先从能源消费结构看，虽然煤炭消费占能源消费总量的比重逐步下降，到 2018 年已降至 60%以下。从短期来看，煤炭仍然是我国的主要能源来源。其次，清洁能源消费占能源消费总量的比重几乎翻了一番，从 2009 年的 12%增至 2018 年的 22%。因此，我国能源消费结构的总体构成以煤炭为主，油气高度依赖进口，清洁能源消费占比在持续提升。

从能源生产量与消费量的对比数据来看，我国的能源消费总量一直高于能源生产总量，并且缺口有增加的趋势。2006 年，我国能源消费总量与生产总量的差额是 41 704 万吨标准煤，其中煤炭缺口为 17 711 万吨标准煤，石油缺口为 23 697 万吨标准煤，天然气稍有多余，生产总量超过消费总量 97.8 万吨标准煤。到 2019 年，能源消费总量与生产总量的差额增加到 89 000 万吨标准煤，增加了一倍多。其中煤炭缺口 8 080 万吨，石油缺口 64 461 万吨，天然气缺口 16 737 万吨。

表 3-2　2006—2019 年我国能源消费和生产量　　单位：万吨标准煤

	2006 年	2010 年	2013 年	2015 年	2017 年	2019 年
能源消费总量	286 467.00	360 648.00	416 913.00	429 905.00	448 529.14	486 000.00
煤炭消费总量	207 402.11	249 568.42	280 999.36	273 849.48	270 911.52	280 422.00
石油消费总量	50 131.72	62 752.75	71 292.12	78 672.62	84 323.45	91 854.00
天然气消费总量	7 734.61	14 425.92	22 096.39	25 364.40	31 397.03	39 366.00
能源生产总量	244 762.87	312 124.75	358 783.76	361 476.00	358 500.00	397 000.00
原煤生产总量	189 691.23	237 839.06	270 522.96	260 985.67	249 516.00	272 342.00
原油生产总量	26 434.39	29 027.60	30 137.84	30 725.46	27 246.00	27 393.00
天然气生产总量	7 832.41	12 797.11	15 786.49	17 350.85	19 359.00	22 629.00

从能源消费增长与 GDP 增速的对比来看（见图 3-4），2004 年之前，我国经济增速和能源消费增速都持续加快，能源消费总量连续保持高速增长，在 2004 年达到 16.8%的增长率。受经济增速放慢和能源消费效率提高

的影响，2004年之后能源消费增速明显放缓。特别是2005—2008年，经济持续保持15%以上（该增速没扣除价格影响）的增长率，能源消费总量增长率持续不断下降，从2004年的16.8%下降到2008年的2.9%。2008年国际金融危机之后，经济下行的压力对能源消费需求增速产生影响，能源消费增速从2008年的2.9%增长到2011年的7.3%。随后由于环境规制加强，我国工业结构调整，从粗放型经济发展模式向集约型经济发展模式转变，GDP继续高速增长，消费增速却始终保持在较低的水平。特别是“十三五”期间从单纯GDP增长到绿色GDP增长核算的转变，进一步导致了能源需求增速放缓。

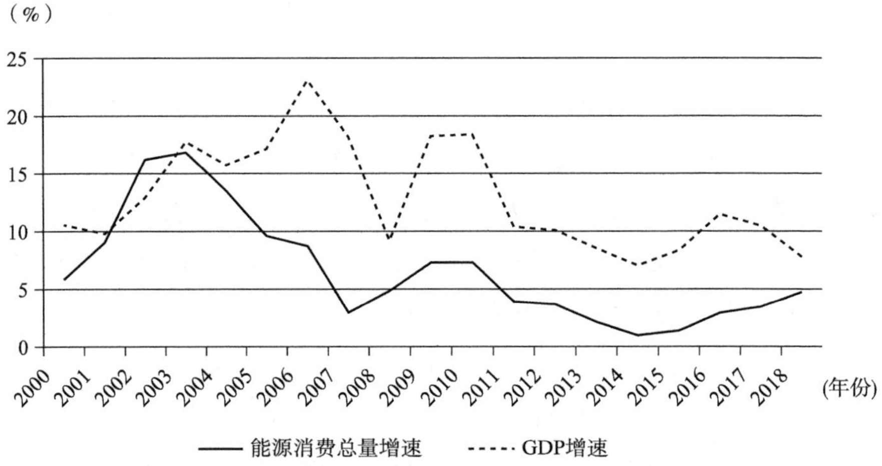

图3-4 2000—2018年我国GDP增速和能源消费量增速变动趋势

（三）我国能源消费结构状况分析

在我国能源消费结构中，煤炭始终占主导地位，但其占比在近几年有不断下降的趋势。2000年煤炭、石油、清洁能源的占比分别是68.5%、22%和9.5%。随后煤炭的占比有不断上涨的趋势，到2007年，煤炭、石油和清洁能源的占比分别是72.5%、17%和10.5%。可以看出煤炭消费占比和清洁能源消费占比都有所增加，石油消费占比下降。2007年至今，随着国家对环境保护的重视，煤炭消费占比开始下降，石油的消费占比小幅度上升，清洁能源消费占比不断上升。到2019年，煤炭、石油和清洁能源的消费占比分别是57.7%、18.9%和23.4%。可以看出，煤炭消费占比减少超过10%，清洁能源消费占比增长超过10%。这些数据充分表明我国的能源结构正在转型升级，清洁新能源的生产和使用快速发展，能源消费结构是我国经济结构特别是工业结构变化的反映，我国的工业发展和能源消费都呈现了低碳化、清洁化趋势。具体见图3-5。

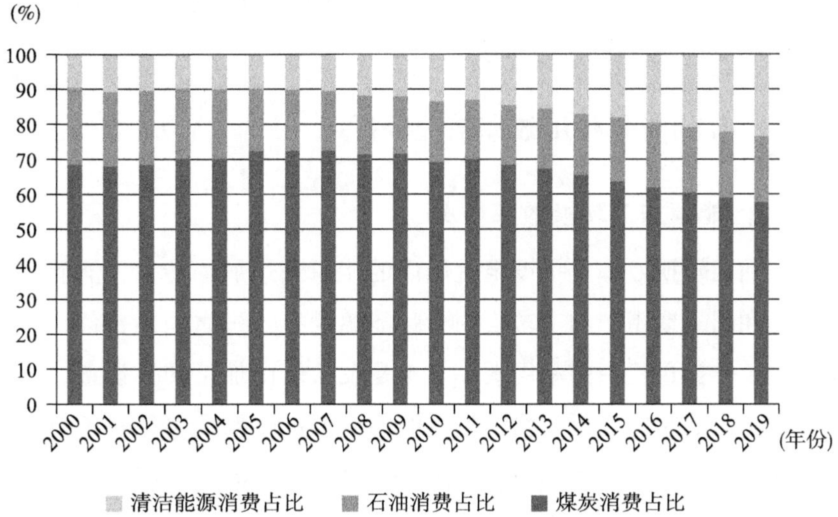

图3-5 2000—2019年我国各种能源消费占比

从各区域煤炭消费、石油消费和清洁能源消费占总能源消费结构的变化趋势来看，煤炭仍是全国及东部地区、中部地区和西部地区三大区域当前最主要的能源消费，但是在区域上能源消费结构仍有侧重。中部地区对煤炭消费的依赖程度最高，总体平稳保持在75%以上，东部地区煤炭消费占比逐年下降，相较全国整体水平和中部、西部占比结构来看其煤炭消费占比最低。从清洁能源消费比重来看，东部、中部和西部清洁能源消费比重都呈现明显的增长趋势，尤其是东部地区的清洁能源消费增长迅速。总的来看，各区域能源消费结构变化虽各有差异，但转型方向一致，低碳化、清洁化、高效化趋势明显。

通过以上的数据分析可以看出，整体上，我国已经基本形成了“以煤为主、多元发展”的能源消费结构，这在一定程度上符合我国目前“富煤、贫油、少气”的资源禀赋结构。我国粗放式的经济发展模式以及能源消费结构的不合理不仅对能源利用效率的提升提出了挑战，还加大了碳减排压力。另外，能源供需矛盾突出的问题同样不容忽视。虽然我国能源总量已进入世界第一资源大国梯队，但从人均资源量来看，我国也是一个资源贫乏的国家，石油、天然气人均剩余可采储量不到世界平均水平的10%，储量丰富的煤炭不到世界平均水平的60%，能源供需缺口日益明显，已成为制约经济发展的严重问题。

（四）我国能源利用效率情况分析

1. 我国能源加工转换效率情况

能源加工转换效率是指设定时期内的能源经过加工转换，能源产品的产出数量和同时期用于加工转换的各种能源的投入量之间的比值，反映了能源在加工转换过程中的利用效率，也是反映能源加工转换设备、技术水平和管理水平的主要指标。我国整体的能源加工转换效率反映了我国经济发展中能源利用效率的整体情况，图 3-6 显示了 2000—2017 年我国能源加工转换效率的变化趋势，在 2002 年之前，我国能源加工转换效率呈现逐年下降的趋势，在 2002 年之后，虽然个别年份维持不变或者下降，但能源加工转换效率总体呈现上升趋势，这表明我国能源加工转换技术水平和管理水平的提升，也和我国建设资源节约型、环境友好型社会的经济发展方式一致。

2. 我国能源消费强度和能源消费弹性系数

能源强度（energy intensity）是一个能够反映一国或地区能源综合利用效率的指标，通常用单位国内生产总值所需消耗的能源表示。一般情况下，能源强度越低，说明该区域能源综合利用效率越高。另外，能源强度指标还受到地区经济发展水平、产业结构、技术进步和能源结构等因素的影响。改革开放以来，我国虽然能源强度有所降低，但是受粗放型经济增长方式和重化工业发展的影响，我国的能源强度仍高于发达国家。

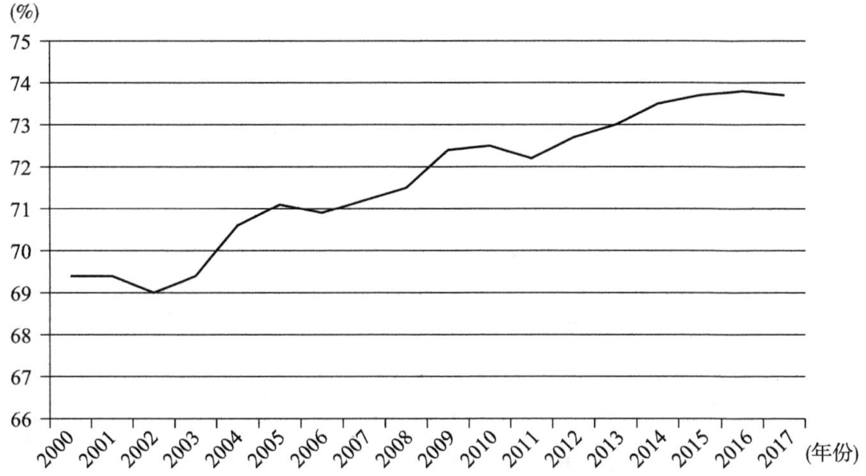

图 3-6 2000—2017 年我国能源加工转换效率变化趋势

图 3-7 显示了 2000—2019 年我国能源强度整体变化趋势。从总体上来看，我国能源强度呈现逐渐降低的趋势，其中，2000—2005 年，我国能源强度变化较为平稳，这和当时重化工业的重新兴起密切相关，2005 年之后，由于我国节能减排政策的提出，建设环境友好型、资源节约型社会成为我国经济发展转型目标，能源强度再次呈现下降趋势。虽然 2008 年金融危机导致能源强度出现短暂平稳，但是 2010 年之后，能源强度再次表现为持续下降趋势。

从我国能源强度与国际能源强度的比较来看，改革开放以来，我国经济增长成就举世瞩目，经济增长速度长期居于世界领先水平，由于我国经济增长长期依靠工业驱动，其增长要素和国外发达国家有一定差异，和世界其他国家的能源强度也会表现出一定差异。从与西方发达国家的比较来看，我国的能源强度显著高于西方发达国家，也高于同样处于高速增长中的印度。其主要原因是中国工业能源消费具有较高的比重，随着交通能源消耗的日益增长，未来我国能源强度将持续高于发达国家，但能源强度的差距会逐渐缩小，出现收敛行为。

能源消费弹性系数是指能源消费的增长率与 GDP 增长率之比，是反映能源消费增长速度与国民经济增长速度之间比例关系的指标，能够反映经

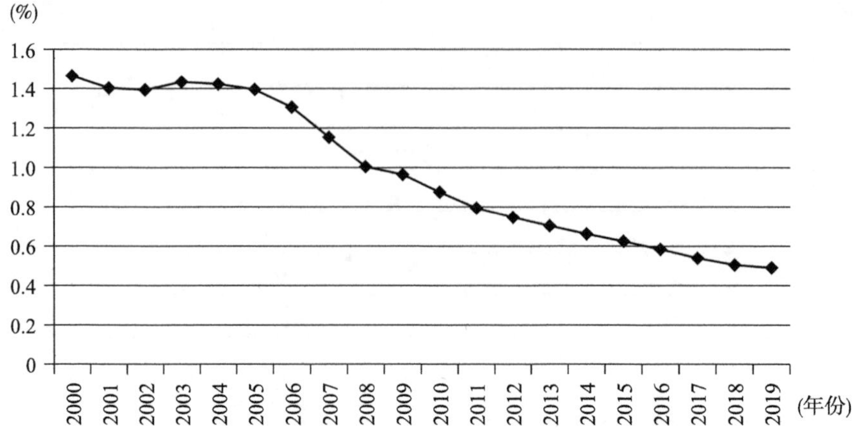

图 3-7　2000—2019 年我国能源强度变化趋势

济增长对能源的依赖程度。2011 年我国能源消费弹性系数为 0.77，表明经济发展对能源消费的依赖程度较高。2012 年和 2013 年下降到 0.5 左右，2014 年下降到 0.29，2015 年下降到 0.14，2016 年开始回升，2017 年为 0.42，2018 年为 0.5。

三、我国环境污染和治理的状况分析

改革开放以来，我国的物质文明建设取得了突飞猛进的发展，与此同时由于生态保护意识的欠缺与排污设备投入不足，也催生了日益严重的环境问题。生态环境的破坏和失衡不仅影响了人民的生命健康，而且随着污染治理的投资持续增加，对经济持续增长产生了阻碍，这成为当下颇受关注的难点和热点问题。近年来，随着国家对于环境污染问题的重视，关于环境污染治理的文件相继出台，我国环境污染治理情况取得初步成效，局部区域的环境质量得到改善，但整体环境状况仍然呈现继续恶化的态势，环境压力日益沉重。

（一）我国大气污染现状

近年来，随着雾霾事件的频发、雾霾范围的扩大和时间的持久，人们对于空气质量、大气污染状况越来越重视。主要影响空气质量的是工业废气的排放。

大气污染是指空气中的某些物理与化学物质的增长速度超过了环境的自净能力，导致其在空气中过量地积累、散布和传播，进而影响植物生长、损害动物发育与威胁人体健康的情况。常见的空气污染物包括固体颗粒物（PM2. 5、PM10、重金属颗粒物）、硫化物（二氧化硫、三氧化硫）、氮氧化物（一氧化氮、二氧化氮）、碳氧化物（一氧化碳、二氧化碳）等。

从绝对量的角度来看，我国的工业废气排放量是不断增加的，从 2006 年的 332 145 万吨增加到 2016 年的 670 154 万吨，增长的幅度较大。工业废气排放量的变化可分两个阶段：2011 年之前，我国的工业废气排放量逐年上升，增长率为正且保持在较高的水平，围绕着 15%的增长率上下波动；2011 年之后，我国的工业废气排放量相对稳定，排放量始终低于 700 000 万吨，增长率围绕着 0 上下波动，工业废气排放量变化不大。

从各省份工业废气排放量的差异来看，省际工业废气排放量差距明显。2016 年，河北省、江苏省和山东省分别以 72 732 万吨、59 653 万吨和 52 095 万吨的排放量居全国所有省份的前三位。河北省工业废气排放量居全国首位，大气污染严重，使其成为雾霾的重灾区。山西省、内蒙古自治区、辽宁省和河南省等资源型大省，主要依靠发展第二产业，特别是以工业为主，工业废气排放量大，大气污染较为严重；北京市、上海市和海南省自身主要以发展服务业为主，资源消耗程度低，工业废气排放量少，污染程度低。

（二）我国水污染现状

我国水资源短缺，在国际上属于水资源严重缺乏国家。从目前的探测数据来看，我国水资源拥有总量为 32 466. 4 亿立方米，位居世界第四，仅次于巴西、俄罗斯和加拿大。但是由于我国人口数量多，人均水资源仅为 2 354. 9 立方米，属于严重缺水的国家。并且我国水资源分布不均，呈现东多西少、南多北少的状态：东部、南部地区位于季风沿海区，降水丰富且河流众多，水资源较为丰富；而中西部地区属于干旱区，降水量少且河流数量少，水资源缺乏。

我国在水资源短缺的同时，水资源污染状况也在加剧。图 3-8 为 2006—2017 年我国工业废水排放情况。从图中可以看出，在绝对量上，2006—2017 年我国的工业废水排放总量持续增加，从 2006 年的 514. 4 亿吨增加到 2015 年的 735. 3 亿吨，增加了将近 43%。随着国家对环境问题的日益重视，近两年工业废水排放量开始下降，从 2015 年的 735. 3 亿吨降到 2017 年的 699. 6 亿吨。这说明我国的工业环境污染治理也取得了一定的成效。从工业废水排放量增长率来看，2016 年之前增长率基本上都是正值，表明我国工业废水排放量在持续增加，但是增长率呈现波动状态，2007 年增长率最高，达到 8. 24%，随后几年不断下降，2008 年增长率下降到 2. 66%，随后又开始上升，2011 年增长率上升到 6. 79%，2016 年开始增长率为负值，一直保持着下降趋势。

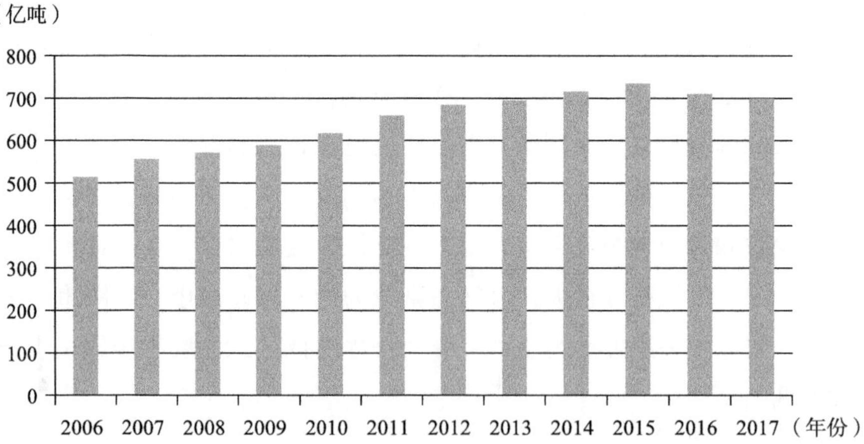

图 3-8 2006—2017 年我国工业废水排放量

从各省份工业废水排放情况来看，省际工业排放量差异较大。从图 3-9可以看出，2017 年，广东省、江苏省和山东省的工业废水排放量分别为 882 020. 5 万吨、575 195. 8 万吨和 499 884. 8 万吨，位居所有省份前三位，分别占到全国工业废水排放量的 13. 19%、8. 6%和 7. 48%。青海省、宁夏回族自治区和海南省工业废水排放量分别为 27 115 万吨、30 734. 8 万吨和 44 080. 8 万吨，分别仅占全国工业废水排放量的 0. 4%、0. 45% 和 0. 66%。区域之间工业废水排放量差异显著。

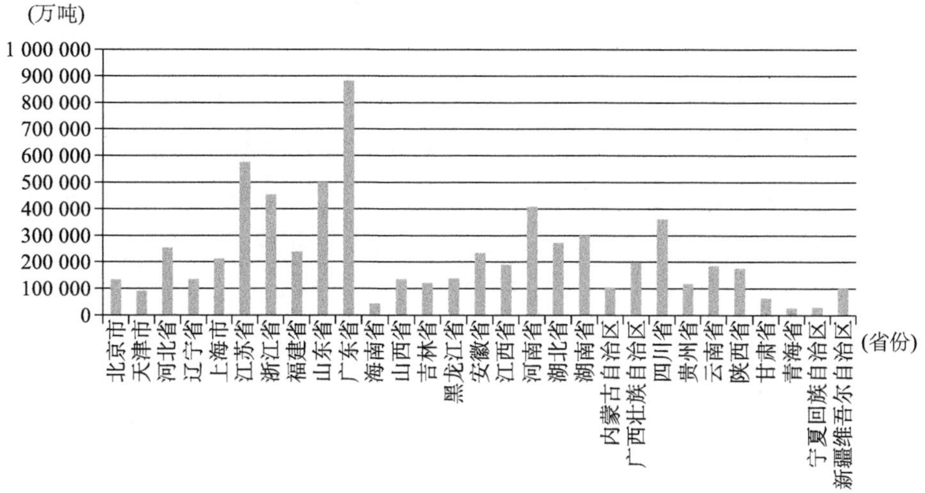

图 3-9　2017 年各省份工业废水排放量

（三）我国工业固体废弃物污染现状

固体废弃物是指人类在生产生活中产生的固体的、对环境造成破坏的废弃物，即我们日常所说的“垃圾”。固体废弃物是造成我国环境污染的三大因素之一，固体废弃物是生产过程中产生的固体颗粒、炉渣、污泥、废制品等，其本身带有污染性；废弃物中带有燃烧性、放射性和腐蚀性，给环境造成污染；固体废弃物会占用一定的空间，其堆放会造成土壤、水资源等的污染，出现二次污染。因此，固体废弃物产生量及其综合利用情况对我国环境状况有着重要影响。

2006—2016 年我国的工业固体废弃物产生量呈上升趋势，从 2006 年的 150 000 万吨上升到 2016 年的 309 210 万吨，增加了 2 倍多。具体来看，其变化过程可分为两个阶段：第一阶段是 2006—2011 年，工业固体废弃物产生量持续增加，且增长迅速；第二阶段是 2011—2016 年，工业固体废弃物产生量维持在比较稳定的状态，各年间的变化幅度不大，趋于稳定。同时，我国对工业固体废弃物的综合利用率也在不断提高，从 2006 年的

58%提高到2016年的63%，增加了5个百分点。我国通过不断提高对工业固体废弃物的利用率来减少其对环境的污染程度。

从各省份工业固体废弃物的产生情况来看，河北省、山西省、内蒙古自治区、辽宁省和山东省的工业固体废弃物排放量远高于其他省份排放量，其中河北省、山西省、内蒙古自治区三省份的工业废弃物产生量占全国产生量的30%。这些工业固体废弃物产生量最大的省份均为我国的资源大省，它们的第二产业特别是工业较为发达，工业固体废弃物产生量大，环境污染较为严重。

四、本章小结

本章对我国工业发展、能源状况和环境污染的现状分别进行了分析，从工业发展的角度来看，我国工业不断增长和转型，工业的效率水平和技术水平都有所提高。从能源状况来看我国目前正面临着严重的能源危机，能源匮乏并且使用效率不高。从污染排放状况来看，工业的发展造成了大量的“三废”排放，对我国的环境造成了严重的污染。因此，在衡量我国工业经济增长时，不能忽略能源和环境对其发展的制约和影响。

第四章

效率和生产率评价方法

效率是经济学研究的一个重点，代表了决策单元将投入转化为产出的绩效问题。对其基本含义有两种解释：一是指投入与产出或成本与收益的对比关系；① 二是效率即最优，指的是这样一种状态：当任何偏离该状态的方案都不可能使一部分人受益而其他人不受损，就达到了帕累托最优，即效率描述的是一个特殊的均衡点，是使资源配置达到最优状态的结果。

在实际应用中，根据对决策单元进行评价的时间长短和侧重点的不同，可将效率评价分为静态效率评价和动态效率评价。静态效率评价是在同一个时间截面内（如一年）决策单元间的横向表，侧重于短期内决策单元资源配置的有效性；动态效率评价考察决策单元随时间变化纵向发展的情况，直接评价决策单元在某时段相对于上一时段效率的变化率，从而测算长期内效率变动的方向和发展潜力，即生产率的变动。

一、静态效率评价方法

效率测度的是一个相对值，即生产的实际值与最优值的比较，表示决策单元的生产活动接近最前沿决策单元生产水平的程度，是生产者利用现有技术水平的高低情况。总体来说，效率评价方法包括非前沿方法和前沿方法，非前沿方法以统计分析、比率比较、分组分析为主，比较简单，应用较少。从 Farrell（1957）提出技术效率是在市场价格不变、产出不变时当前技术水平下最小成本占实际成本的比例，开创了前沿分析方法后，对

① 赵振华. 怎样看待效率与公平的关系［N］. 解放日报，2005（2）.

技术效率评价的前沿分析方法就成了效率评价的主流。前沿分析法测度生产效率（技术效率）的关键是生产前沿的确定。根据构造生产前沿面的方法不同，一般可将静态生产效率的测度分为参数估计法和非参数估计法。前者包括计量经济学法和随机前沿法（SFA）等，后者主要包括数据包络法（DEA）和指数法等。SFA 和 DEA 方法的区别在于对前沿面的估计上。前者需要预先设定生产函数，常见的有科布—道格拉斯生产函数、超越对数生产函数、广义超越对数生产函数和 CES 生产函数等。后者只需要利用 DMU 在研究时期内的投入产出数据，选出若干个位于前沿面的技术有效单元，就能够避免预先设定生产函数的主观因素，转而通过线性规划来客观确定生产前沿面。但是这两种方法都能够很方便地分析地区间技术效率的差异性，近年来越来越普遍地被人们采用。

（一）效率评价的参数方法

效率评价的参数方法通过参数函数来拟合数据，首先设定前沿生产函数（把投入和产出的关系用某个给定的函数形式表示出来，如科布—道格拉斯生产函数、超越对数函数），生产函数形式设定后，就需要利用计量经济技术对函数的未知参数进行估计。在投入产出观测的基础上，采用统计方法对边界生产函数参数进行估计，并考虑随机误差对决策单元生产效率的影响。参数化方法包括随机前沿分析、共同前沿分析、后边界分析和自由分布。本章仅介绍随机前沿分析法和共同前沿分析法。

1. 随机前沿分析法

生产前沿对应每一种投入水平下的最大产出或每一种产出下的最小投入水平，反映了某行业或者企业个体当前的技术水平。对前沿生产函数的估计经过了两个阶段，即确定性前沿生产函数和随机前沿生产函数。确定性前沿分析法最早可追溯到 Solow（1957）的研究，该研究从理论层面上介绍了技术前沿的概念，但在其分析框架中，把导致实际产出与生产可能性边界偏离的原因都归结为随机因素，没有分离出技术无效部分。如科布—道格拉斯型生产前沿模型为：$\ln q_i = x'_i\beta - u_i$，其中 q_i 表示第 i 个厂商的产出，u_i 表示生产的无效性。确定性前沿生产函数法存在的缺陷是对样本数据存在的误差比较敏感，稳定性较差。另外该模型将影响生产单位的外在因素也计入内在的无效率之中，因此其计算的技术效率与真实的效率水平存在较大的误差。

基于确定性前沿生产函数法的上述问题，研究者提出了随机前沿方法。由于实际生产中决策单元往往达不到生产前沿面，产出水平较低，而随机因素也会导致实际产出偏离前沿面，随机前沿分析方法的目的就在于设法识别出决策单元实际产出水平与理论最佳产出水平之间的距离多大程度上由随机因素导致，多大程度上由技术效率水平高低导致。

Aigner、Lovell 和 Schmidt（1977）以及 Meeusen 和 Van Den Broeck（1977）提出了随机前沿生产函数模型：$\ln q_i = x'_i\beta + v_i - u_i$。该模型与确定性前沿生产函数模型相比增加了表示噪声的随机误差项 v_i。由于产出值以随机变量 $e(x'_i\beta + v_i)$ 为上限，所以该模型被称为随机前沿生产函数。随机误差项 v_i 可正可负，因此，随机前沿产出围绕着模型的确定部分 $e(x'_i\beta)$ 变动。

与普通生产函数不同，随机前沿生产函数中把残差项分为两部分：一部分是效率损失项 u，其值为非负，反映的是由于技术的不合理和不充分使用等原因引起的实际产出水平与理论最大水平（即生产可能性边界或生产前沿面）之间的差距；另一部分是随机误差项 v，反映的是生产中由随机误差所造成的实际产出水平与理论最大产出水平之间的差距。由此在误差项中引入了随机误差项 u，因而可以将随机前沿生产函数与均值生产函数区别开；引入随机误差项 v 可以将随机前沿生产函数与确定性随机前沿生产函数区别开来。其中，随机误差项 v 的存在明确了随机前沿生产函数的随机性质，且与一般生产函数中的残差项性质类似。

在分离了技术效率与随机因素的影响之后，为了研究影响效率误差项 u 的因素，学者 Pitt 和 Lee（1981）、Kalirajan 和 Flinn（1983）等提出了两步研究方法，即第一步建立并估计随机前沿生产函数，测定技术效率，确定低技术效率因素；第二步用最小二乘法建立非技术效率因素与企业技术效率水平的回归模型，以此说明各种因素对低技术效率的影响。

2. 共同前沿分析法

传统的前沿分析法将全国各区域视为同类型的决策单元，没有考虑不同地区间存在着经济水平、技术水平以及制度差异等情况，事实上我国经济具有明显的二元结构特征，各区域工业的发展长期受到经济基础积淀、资源禀赋特点、国家政策导向、人力资源获取等多方面的影响，使得这些地区在发展新型工业的共同使命面前，技术环境客观上存在着较大的落差，忽略这种重要的前提条件，平面化地比较区域间技术效率的高低，有可能使这种分析流于表面化和简单化。因为一般来说，技术效率比较的前提必须是所有生产单元都具备类似的技术水平，否则可能会因缺乏统一的比较标准而无法定位其效率缺失的真正原因，特别是以国家或地区作为研究对象时，这一问题就更为重要。对此，Caudill Ford 和 Gropper（1995）以及 Wang 和 Schmidt（2002）都做过比较详尽的阐述。

共同前沿函数法在将研究对象科学分组的前提下，一方面可以考察相似技术环境的组内生产效率差异，另一方面还可以考察可能的共同技术环境的整体生产效率差异，增加了研究的层次感，从而可获得相对更为丰富的结论。相对于单纯采用 DEA 方法或 SFA 方法，共同前沿函数法能够更立体化地解释和说明区域间技术效率方面的差异性，相比一般的前沿分析法将面对不同技术前沿的生产单元置于相同标准下进行比较，更加科学和合理。

共同前沿法于 2003 年由 Rao 等提出，其基本思路为，设 y 是 m 维产出列向量，x 是 n 维投入列向量，假设有 $J(>1)$ 个地区，每个地区的技术水平表示为 $T^j(j=1, 2, \cdots, J)$，由于技术水平代表着能将 n 个投入转换为 m 个产出的能力，因此理论上存在一个能够包络各地区技术水平的普适性共同前沿 T^*。为进一步阐明 T^* 的概念，我们将技术集合（T）、产出集合［$P(x)$］、投入集合［$L(y)$］分别定义为：

$$T=\{(x, y): x\geqslant 0, y\geqslant 0; x \text{ 能生产出 } y\}$$

$$P(x)=\{y: (x, y)\in T\}$$

$$L(y)=\{x: (x, y)\in T\}$$

对于区域 j 的技术 T^j 有如下假设：

（1）$0 \in P^j(x)$（零产出可能性）。

（2）对于所有的 x，$y \in P^j(x)$，且如果 $0<\theta \leqslant 1$，则当 $y^* < y$ 时，有 $y^* = \theta y \in P^j(x)$（强可处置性）。

（3）对于所有的 x，$P^j(x)$ 是闭集且是有界的（闭集是数学上的要求，有界指给定投入水平不能提供无限的产出水平）。

（4）对于所有的 x，$P^j(x)$ 是凸性的（凸性指如果使用给定投入向量 x 可以生产出两组产出水平，那么也能生产出这两种产出向量的任意加权平均水平，即要求产品是连续可分的）。

在上述基础上，T^* 可被定义为涵盖各区域技术的技术 $T^* = \{(x, y): x \geqslant 0$ 且 $y \geqslant 0$，至少有一个区域的技术（T^1，T^2，…，T^J）能使得 x 生产出 $\{y\}$。

从而推出：

$T^* \supseteq \{T^1 \cup T^2 \cup \cdots \cup T^J\}$

假设 T^* 为凸集，则普适性技术的共同前沿为：

$T^* \equiv \{T^1 \cup T^2 \cup \cdots \cup T^J$ 的凸部分$\}$

在共同前沿的框架下，要进行生产率的区域比较研究，首先要估计出各个区域的生产前沿，其次要建立各区域生产前沿的包络函数即共同前沿，然后就可以利用这两个不同含义的技术边界推算出基于区域的技术效率、基于共同前沿的技术效率以及技术差距比。

（二）效率评价的非参数方法

非参数方法不需要预设生产函数和估算参数，而是用线性规划的方式确定前沿面，常用的方法是 A. Charnes 等（1978）提出的数据包络分析法。

数据包络分析法运用线性规划方法估计样本的非参数前沿面，然后，相对于这个前沿面来计算效率。相对于随机前沿生产函数法其优点在于不需要事先设定函数形式。

数据包络分析法的原型最早可以追溯到法蕾尔（1957）在对英国农业生产率进行分析时提出的分段线性凸包的前沿估计方法。随后，博尔斯

(1966)、谢泼德（1972）以及阿弗里阿特（1972）等建议用数学规划方法解决该包络问题，但该方法直到 1978 年查尔斯、库伯和罗兹于论文中首次提出数据包络术语之后才得到广泛的重视和应用。

1. CCR 模型

CCR 模型是查尔斯、库伯和罗兹（1978）提出的投入导向的 DEA 模型，并假定规模收益不变（CRS）。

假定有 I 个厂商，每个厂商有 N 种投入和 M 种产出。第 i 个厂商的投入和产出分别用列向量 x_i 与 q_i 表示。对于每一个厂商，我们希望获得其所有产出与所有投入的比率，比如 $u'q_i/v'x_i$。则最优 u、v 的解可以通过求解下面的线性规划问题得到：

$$\max_{u,v}\ (u'q_i/v'x_i)$$
$$\text{s.t.}\quad u'q_j/v'x_j \leqslant 1 \quad j=1,\ 2,\ \cdots,\ I$$
$$u,\ v \geqslant 0$$

该线性规划问题涉及求出 u 和 v 的值，满足约束条件：所有的效率测量值必须小于或等于 1，并使得第 i 个厂商的效率最大化。由于上述线性规划问题存在无穷多个解，为了避免出现这个问题，就把约束条件 $v'x_i$ 加到上面的线性规划问题中，由此，得到投入导向下规模报酬不变的 DEA 线性规划问题为：

$$\max_{u,v}\ (\mu'q_i)$$
$$\text{s.t.}\quad v'x_i = 1$$
$$\mu'q_j - v'x_j \leqslant 0 \quad j=1,\ 2,\ \cdots,\ I$$
$$\mu,\ v \geqslant 0$$

CCR 模型是在规模收益不变的情况下测算的，即所有的决策单元均在最优规模下运营。但是现实中，不完全竞争、政府管制、财务约束等因素都会导致厂商不能在最优规模下运营。考虑规模报酬可变下的情景，班克、查尔斯和库伯（1984）提出了规模收益可变下的 BCC 模型（VRS）。其线性规划问题在 CRS 不变的线性规划问题上加入了凸性约束条件

$I_1'\lambda=1$，得到下面的规模报酬可变情况下的线性规划模型：

$$\min_{\theta,\lambda}\theta$$

$$\text{s. t.}\quad -q_i+Q\lambda\geqslant 0$$

$$\theta x_i-X\lambda\geqslant 0$$

$$I_1'\lambda=1$$

$$\lambda\geqslant 0$$

其中，I_1 表示元素为 1 的 $I\times 1$ 向量。该方法构建一个相交面组成的凸包，该边缘面将观测的数据包络得比 CRS 的锥包更加紧凑，因此计算所得到的技术效率值大于或等于用 CRS 模型所得到的结果。

2. BCC 模型

BCC 模型测算的相对效率可以进一步分解为规模效率和技术效率，其中规模效率是指 DMU 根据投入要素的价格对投入要素进行最优组合的能力；技术效率是指 DMU 在生产过程中减少投入或增加产出的能力，衡量其技术水平的高低。由于价格因素在不同时间的不同市场中变动性比较大，并且在生产替代性和资源稀缺性下无法合理量化，因此研究中一般把技术效率作为衡量 DMU 的生产效率。

规模效率的计算。通过执行 CRS 下的 DEA 模型 CCR 和 VRS 下的 DEA 模型 BCC，可获得每个决策单元的规模效率：$SE=TE_{CRS}/TE_{VRS}$。从而可以把 CCR-DEA 模型中获得的技术效率值分解为两部分：纯技术效率和规模效率。对于某个特定的决策单元，如果 CCR 得到的技术效率值和 BCC 得到的技术效率值不同，说明该决策单元的规模效率是无效的。

表 4-1　参数前沿分析法和非参数前沿分析法的比较

	参数前沿分析法	非参数前沿分析法
内涵	在确定性生产函数的基础上提出了具有复合扰动项的随机边界模型	对同质决策单元的多投入、多产出进行相对效率评价
常用方法	随机前沿分析、自由分步法等	数据包络分析、无界分析法

续表

	参数前沿分析法	非参数前沿分析法
方法优点	避免不可控因素对非效率因素产生的影响，使结果更接近真实值	无须事先设定函数模型，不必依赖样本总体分布形式；计算过程相对简单；主要是线性规划的解析；可处理非期望产出情况
方法缺点	必须事先假定模型具体形式；只能处理单产出情况；参数是计算的不是估计的，无统计解释；建模较为复杂	对异常值比较敏感；存在效率评价结果离散度较大的情况

从表 4-1 中可以看出参数前沿分析法和非参数前沿分析法的区别，鉴于两种方法各有优缺点，本书在研究我国区域工业效率和环境效率时，首先采用参数前沿分析法测度了我国区域工业技术效率，然后鉴于参数前沿分析法不能应用于环境效率评价，采用了非参数前沿分析法中的 SBM 超效率模型以及方向性距离函数法测度了我国工业技术效率和环境效率。

3. SBM 模型

自 DEA 模型提出之后，国内外学者对其进行了大量的研究和改进，衍生出了角度不同、功能繁多的 DEA 模型，根据角度的不同大致可以分为四种类型：径向与角度的 DEA 模型、非径向与角度的 DEA 模型、径向与非角度的 DEA 模型和非径向与非角度的 DEA 模型。

其中的径向是指在对 DMU 进行效率评价时，必须遵循的投入或者产出按照同向同比例变化的假设，当各种要素投入进行了一定比例的改变时，产出必须按照相同比例增加或减少；这种假设使得投入和产出受到一定的限制，与现实经济过程不符，在该假设下测算出来的效率值对现实的指导意义不强。传统的 CCR 和 BCC 模型都是径向模型的代表，而非径向模型中，投入和产出不需要按照相同的比例增加和减少，更加贴近社会生产的实际状况。

角度则指在 DMU 效率计算的过程中，产出必须同向变动的限制性假设。在所有产出都符合生产者期望，属于“好”的产出时，角度性的假设并不具备局限性。但当研究者期望考虑环境污染等“坏”的产出时，产出之间的同向性假设就不符合逻辑，因为决策者希望在“好”的产出增加的同时，“坏”的产出减少。

SBM 模型由 Tone（2001）提出，属于非径向非角度的数据包络分析方法。传统的 SBM 模型，综合考虑了各决策单元的投入、产出，并提供松弛问题的有效解决途径。用 $s^- \in R_m$、$s^+ \in R_s$ 分别表示投入与产出的松弛，某一特定的 DMU 如（x_0，y_0）可被表示为：

$$x_0 = X\lambda + s^-,\ y_0 = Y\lambda - s^+$$

同时，Tone 定义了指标 ρ，即：

$$\rho = \frac{1 - (1/m)\sum_{i=1}^{m} s_i^- / X_{i0}}{1 + (1/s)\sum_{r=1}^{s} s_r^+ / y_{i0}}$$

可以证明：①当数据的度量单位变化时，ρ 保持不变；②ρ 随着投入、产出松弛的增加单调递减；③$0<\rho\leqslant 1$。进一步由恒等变形分析得到，ρ 实际为投入平均可缩减率与产出平均可扩张率的乘积，即 ρ 反映投入、产出的效率水平。

$$\min\rho = \frac{1 - (1/m)\sum_{i=1}^{m} s_i^- / X_{i0}}{1 + (1/s)\sum_{r=1}^{s} s_r^+ / y_{i0}}$$

$$\text{s.t.}: x_0 = X\lambda + s^-;\ y_0 = Y\lambda - s^+;\ \lambda \geqslant 0,\ s^- \geqslant 0,\ s^+ \geqslant 0$$

基于此，当 $\rho = 1$ 时，该 DMU 是有效的（处于效率前沿面 SBM-efficient），等价于 $s^{-*} = 0$，$s^{+*} = 0$，即在最佳状态下没有投入产出松弛产生。若 DMU 是非有效的，那么它可以通过改进、消除投入产出的松弛实现效率生产，即：

$$x_0' \leftarrow x_0 - s^{-*};\ y_0' \leftarrow y_0 + s^{+*}$$

上式中的线性规划模型为分式规划，求解困难。为了求解的方便，这里采用 Charnes 和 Cooper① 的转换方法。首先对分式 ρ 的分子和分母同乘以一个标量 $t(t>0)$，这对 ρ 的值不会产生影响，其次调整 t 的值使分母等于 1，然后把它放入约束条件中，即完成了转换。转换后的规划问题为：

① Charnes A., Cooper W. W., Rhodes E. Measuring the efficiency of decision making units [J]. European Journal of Operational Research, 1978 (2): 429-444.

$$\min\tau = t - \frac{1}{m}\frac{\sum_{i=1}^{m} ts_i^-}{x_{i_0}}$$

$$\text{s. t. } 1 = t + \frac{1}{s}\frac{\sum_{r=1}^{s} ts_r^+}{y_{r_0}}$$

$$x_0 = \sum_{j=1}^{n} x_{ij}\lambda + s^- \ (i = 1,\ \cdots,\ m)$$

$$y_0 = \sum_{j=1}^{n} y_{rj}\lambda - s^+ \ (r = 1,\ \cdots,\ s)$$

$$\lambda \geqslant 0,\ s^- \geqslant 0,\ s^+ \geqslant 0,\ t \geqslant 0$$

其中，τ 为决策单元效率的测量值，式中由于含有一个非线性 ts_r^+ 项，还属于非线性规划。再一简单转换就可变成线性规划问题。定义 $S^- = ts^-$，$S^+ = ts^+$ 和 $\Lambda = t\lambda$，代入上式得到：

$$\min\tau = t - \frac{1}{m}\frac{\sum_{i=1}^{m} S_i^-}{x_{i_0}}$$

$$\text{s. t. } 1 = t + \frac{1}{s}\frac{\sum_{r=1}^{s} S_r^+}{y_{r_0}}$$

$$tx_0 = \sum_{j=1}^{n} x_{ij}\Lambda + S^- \ (i = 1,\ \cdots,\ m)$$

$$ty_0 = \sum_{j=1}^{n} y_{rj}\Lambda - S^+ \ (r = 1,\ \cdots,\ s)$$

$$\Lambda \geqslant 0,\ S^- \geqslant 0,\ S^+ \geqslant 0,\ t \geqslant 0$$

从转换后的模型可以看到，当投入与产出约束越松弛，即松弛投入和松弛产出越大时，决策单元的效率值就越低，可相对来说较好地将松弛投入和松弛产出的情况考虑在效率值的测算过程中。相对于最基本的 DEA 模型 CCR 和 BCC，SBM 模型更为严格，将松弛投入和松弛产出这些无效率因素也考虑进来，提高了效率测度的准确性和可信度。如果一个决策单元在 SBM 模型测度下是有效率的，即 $S^- = 0$，$S^+ = 0$，$\tau = 1$ 时，可以得到效率值 $\theta = 1$，那么该决策单元在 BCC 和 CCR 模型中也是有效率的，该性质被称为 Pareto-Koopmans 有效。

上式是在规模报酬不变条件下的 SBM 模型，如果在上式模型中添加条件 $\sum_{j=1}^{n}\lambda_j = 1$，就构成了规模报酬可变(VRS) 条件下的 SBM 模型。

$$\min\tau = t - \frac{1}{m}\frac{\sum_{i=1}^{m} S_i^-}{x_{i_0}}$$

$$\text{s. t. } 1 = t + \frac{1}{s}\frac{\sum_{r=1}^{s} S_r^+}{y_{r_0}}$$

$$tx_0 = \sum_{j=1}^{n} x_{ij}\Lambda + S^- \ (i = 1, \ \cdots, \ m)$$

$$ty_0 = \sum_{j=1}^{n} y_{rj}\Lambda - S^+ \ (r = 1, \ \cdots, \ s)$$

$$\sum_{j=1}^{n}\lambda_j = 1$$

$$\Lambda \geqslant 0, \ S^- \geqslant 0, \ S^+ \geqslant 0, \ t \geqslant 0$$

4. SBM 超效率模型（Super-SBM）

在采用大部分 DEA 模型（包括传统的 SBM 模型）评价时，往往会出现有效（评价值为 1）的决策单元存在很多个的情况，很难继续评价和区分。为了继续对这些有效单元进行区分和排序，Andersen 和 Petersen、Doyle 和 Green、Stewart、Tofallis、Seiford 和 Zhu 等学者提出了超效率分析方法（super-efficiency），超效率的基本思想是不再限制有效单元的效率值必须等于 1，允许其大于 1。超效率模型的这种改进使得在评价的过程中能区分效率的真正差异程度，进一步对有效的决策单元进行排序。超效率模型有两类，一类是 AP 超效率模型，由 Andeoen 和 Petersen 基于基本 DEA 的径向效率概念提出，① 另一类是 SBM 超效率模型，② 由 Tone 在 SBM 模型

① Andersen P. , Petersen N. C. A procedure for ranking efficient units in data envelopment analysis [J]. Management Science, 1993, 39 (10): 1261-1264.

② Tone K. A slack-based measure of efficiency in data envelopment analysis [J]. European Journal of Operational Research, 2001, 130 (3): 498-509.

基础上发展而来。

AP 超效率模型是基于基本的 DEA 模型—CCR 模型演变而来，属于径向的超效率模型，存在未考虑要素松弛的缺陷，此外还较易出现一些决策单元的最优目标值不存在可行解的问题，因此难以对有效单元的效率进行比较。SBM 超效率模型和 SBM 模型一样考虑松弛变量的影响，并且总有可行解，所以明显优于 AP 超效率模型。因此，本部分内容采用 SBM 超效率模型测度我国区域工业的效率。

在超效率模型中，Tone 首先定义了一个排除了决策单元（x_0，y_0）的有限生产可能性集合：

$$P/(x_0, y_0) = \{(\bar{x}, \bar{y}) \mid \bar{x} \geqslant \sum_{j=1, \neq 0}^{n} \lambda_j x_j,\ \bar{y} \leqslant \sum_{j=1, \neq 0}^{n} \lambda_j y_j,\ \bar{y} \geqslant 0,\ \lambda \geqslant 0\}$$

其中，$P/(x_0, y_0)$ 指排除了决策单元（x_0，y_0）的生产投入集合。在 $P/(x_0, y_0)$ 投入集合的基础上，再定义一子集合 $\bar{P}/(x_0, y_0)$。

$$\bar{P}/(x_0, y_0) = P/(x_0, y_0) \cap \{\bar{x} \geqslant x_0, \bar{y} \leqslant y_0\}$$

由于 $X>0$，$Y>0$，所以 $\bar{P}/(x_0, y_0)$ 是一非空集合。它的含义为（x_0，y_0）到（$\bar{x}$，$\bar{y}$）$\in \bar{P}/(x_0, y_0)$ 的平均距离。利用此距离定义一个指数 δ。

$$\delta = \frac{\frac{1}{m}\sum_{i=1}^{m} \bar{x}_i / x_{i0}}{\frac{1}{s}\sum_{r=1}^{s} \bar{y}_r / y_{r0}}$$

δ 的含义是：分子指 x_0 到 $\bar{x}$（$\bar{x} \geqslant x_0$）的平均距离，表示从 x_0 到集合空间（$\bar{x}$，$\bar{y}$）$\in \bar{P}/(x_0, y_0)$ 的点 $\bar{x}$ 的平均扩张程度或扩张率；分母指 y_0 到 $\bar{y}$（$\bar{y} \leqslant y_0$）的平均距离，表示从 y_0 到集合空间（$\bar{x}$，$\bar{y}$）$\in \bar{P}/(x_0, y_0)$ 的点 $\bar{y}$ 的缩减程度或缩减率。δ 的分母越小，y_0 到 $\bar{y}$ 的距离就越远。因此，δ 的含义是投入空间和产出空间中，特定决策单元与生产前沿面的平均距离。基于上述集合的定义与解释，决策单元（x_0，y_0）在规模报酬不变条件下的 SBM 超效率的规划问题为：

$$\delta^* = \min\delta = \frac{\frac{1}{m}\sum_{i=1}^{m}\frac{\bar{x}_i}{x_{i_0}}}{\frac{1}{s}\sum_{r=1}^{s}\frac{\bar{y}_r}{y_{r_0}}}$$

$$\text{s. t. } \bar{x} \geqslant \sum_{j=1,\ \neq 0}^{n} x_j\lambda$$

$$\bar{y} \leqslant \sum_{j=1,\ \neq 0}^{n} y_j\lambda$$

$$\bar{x} \geqslant x_0,\ \bar{y} \leqslant y_0,\ \bar{y} \geqslant 0,\ \lambda \geqslant 0$$

SBM 超效率模型满足下面的性质：①最优解 δ^* 无量纲；②SBM 超效率模型的效率值大于等于 SBM 效率值，允许 SBM 效率值大于 1，解决了有效决策单元的进一步区分排序问题。

上面的 SBM 超效率模型仍然是一个分式规划问题，下面继续采用前述对 SBM 模型处理转换方法，将其转换为便于求解的线性规划问题：

$$\tau^* = \min\tau = \frac{\frac{1}{m}\sum_{i=1}^{m}\tilde{x}_i}{x_{i_0}}$$

$$\text{s. t. } 1 = \frac{\frac{1}{s}\sum_{r=1}^{s}\tilde{y}_r}{y_{r_0}}$$

$$\tilde{x} \geqslant \sum_{j=1,\ \neq 0}^{n} x_j\Lambda_j$$

$$\tilde{y} \leqslant \sum_{j=1,\ \neq 0}^{n} y_j\Lambda_j$$

$$\tilde{x} \geqslant tx_0,\ \tilde{y} \leqslant ty_0,\ \Lambda \geqslant 0,\ \tilde{y} \geqslant 0,\ t \geqslant 0$$

利用上式的最优解（τ^*，$\tilde{x}^*$，$\tilde{y}^*$，Λ^*，t^*），可以得到原分式规划的最优解：

$$\delta^* = \tau^*,\ \bar{x}^* = \frac{\tilde{x}^*}{t^*},\ \bar{y}^* = \frac{\tilde{y}^*}{t^*},\ \lambda^* = \frac{\Lambda^*}{t^*},\ t^*$$

此外，规模报酬不变条件下的超效率 SBM 模型如下：

$$\delta^* = \min\delta = \frac{\frac{1}{m}\sum_{i=1}^{m}\frac{\bar{x}_i}{x_{i_0}}}{\frac{1}{s}\sum_{r=1}^{s}\frac{\bar{y}_r}{y_{r_0}}}$$

$$\text{s.t.}\ \bar{x} \geqslant \sum_{j=1,\ \neq 0}^{n} x_j\lambda$$

$$\bar{y} \leqslant \sum_{j=1,\ \neq 0}^{n} y_j\lambda$$

$$\sum_{j=1,\ \neq 0}^{n} \lambda_j = 1$$

$$\bar{x} \geqslant x_0,\ \bar{y} \leqslant y_0,\ \bar{y} \geqslant 0,\ \lambda \geqslant 0$$

二、动态效率评价方法

生产活动是连续的和不断变化的，仅仅某一年或某一时间的相对效率不能衡量决策单元由于生产技术变化、规模变化带来的效率改变，也不能反映生产前沿面随时间变化的情况。因此，效率评价还需要从动态角度进一步分析决策单元效率的变动。

动态效率评价通常基于经济学家 Malmquist 提出的 Malmquist 指数，即全要素生产率指数法。

全要素生产率的概念最早是由希朗·戴维斯在其著作《生产率核算》中提出。全要素生产率是指在考虑全部投入要素（包括劳动、资本、能源、土地等）的条件下，全面反映经济发展过程中总投入转化为产出的效率，是一个国家（区域或者个体）社会经济发展质量、管理能力与效率的体现。全要素生产率的增长则是指剔除资本、劳动等投入要素的作用以外，其他所有因素带来的产出增长率，通常归因于科学技术的进步与技术效率的改进。

动态效率评价运用面板数据把时间因素考虑在内，旨在分析某一时期内 DMU 的效率变化情况，进而研究其效率变化的原因和增长潜力。全要素生产率的测算方法比较多，目前比较成熟的方法包括随机前沿生产函数的全要素生产率指数法以及 DEA-Malmquist 指数法。

Malmquist 指数法由瑞典经济学家 Sten Malmquist 于 1953 年提出，最初用于商品市场消费价格指数的测算和分析。Caves 等（1982）首次将其用于测算生产率的变动。Färe 等（1994）将其与 DEA 模型结合起来之后，DEA-Malmquist 指数法成为测算全要素生产率最主流的方法之一。

马氏指数可通过距离函数的变动比值来测量。在两个数据点之间，每个数据点相对于普通技术距离的比值即全要素生产效率的变化。如果将 t 时期的技术当作参考值，在 s 时期（基期）和 t 时期之间的马氏全要素生产效率指数（产出导向）可被表示为：

$$m_0^t(q_s,\ x_s,\ q_t,\ x_t)=\frac{d_0^t(q_t,\ x_t)}{d_0^t(q_s,\ x_s)}$$

同理，若将 s 时期的技术当作参考值，马氏指数为：

$$m_0^s(q_s,\ x_s,\ q_t,\ x_t)=\frac{d_0^s(q_t,\ x_t)}{d_0^s(q_s,\ x_s)}$$

其中，$d_0^s(q_t,\ x_t)$ 表示 t 时期观测值到 s 时期技术值（前沿面）的距离；$d_0^t(q_t,\ x_t)$ 表示 t 时期观测值到 t 时期前沿面的距离；$d_0^t(q_s,\ x_s)$ 表示 t 时期观测值到 s 时期前沿面的距离；$d_0^s(q_s,\ x_s)$ 表示 s 时期观测值到 s 时期前沿面的距离。$m_0^t(q_s,\ x_s,\ q_t,\ x_t)$ 的值大于 1 表示从 t 时期到 s 时期的全要素生产率正增长，$m_0^t(q_s,\ x_s,\ q_t,\ x_t)$ 的值小于 1 表示从 t 时期到 s 时期的全要素生产率下降。

为了避免限制条件对结果产生的误差，马氏全要素生产效率通常被定义为这两种指数的几何均值，也就是：

$$m_0(q_s,\ x_s,\ q_t,\ x_t)=\left[\frac{d_0^t(q_t,\ x_t)}{d_0^t(q_s,\ x_s)}\times\frac{d_0^s(q_t,\ x_t)}{d_0^s(q_s,\ x_s)}\right]^{1/2}$$

在生产效率指数中，将此距离函数重新组合，它等价于技术效率变化指数与技术变化指数的乘积：

$$m_0(q_s, x_s, q_t, x_t) = \frac{d_0^t(q_t, x_t)}{d_0^s(q_s, x_s)}\left[\frac{d_0^s(q_t, x_t)}{d_0^t(q_t, x_t)} \times \frac{d_0^s(q_s, x_s)}{d_0^t(q_s, x_s)}\right]^{1/2}$$

其中，方括号外面的比值代表从 s 时期到 t 时期的技术效率变化，即效率变化指数等价于技术效率在 t 时期和 s 时期的比值。方括号里面是从 s 时期到 t 时期技术变化的测算，从而得出：

$$效率变化 = \frac{d_0^t(q_t, x_t)}{d_0^s(q_s, x_s)}$$

$$技术变化 = \left[\frac{d_0^s(q_t, x_t)}{d_0^t(q_t, x_t)} \times \frac{d_0^s(q_s, x_s)}{d_0^t(q_s, x_s)}\right]^{1/2}$$

三、环境效率和环境绩效测度方法

随着环境问题对我国可持续发展的负面影响日益显著，很多专家学者已经意识到资源环境因素不只是经济发展的内生变量，也是经济增长的刚性约束。因此，在对全要素生产率进行测度时，不仅要考虑资本、劳动、土地等传统的投入要素，也不能忽视能源约束和环境污染。

（一）非期望产出的处理方式

经济活动中的产出按照决策单元的行为意愿可以分为期望产出（产值、利润等正收入）和非期望产出（环境污染等）。前者指通过劳动力和生产资料等投入结合获得的目标产品，后者是与生产期望相悖的副产品。期望产出和非期望产出是不可分割的两部分，一般情况下，只要在生产过程中出现期望产出的增加，非期望产出将不可避免地同步增长。

由于生产技术水平的限制、生产决策单元环保意识缺乏以及国家对环境规制的力度不强等，早期的工农业生产活动中排出了大量的污染物，对环境造成了极大的破坏并严重威胁着人们的生活质量和生命健康。传统的高投入、高能耗、高污染的“褐色”经济增长方式单纯地以增加产出数量为目的，没有考虑质量的增长，在产业效率和全要素生产率的评价过程中没有考虑到生产活动对环境造成的破坏。随着国家对环境保护的力度越来越强，在评价产业技术效率和全要素生产率时必须把环境污染作为非期望产出纳入评价框架中。然而，传统的效率评价模型无法支持含有非期望产出的效率测算，因此如何处理非期望产出成了目前效率评价领域研究的重点和难点问题。该领域的国内外专家学者针对这一问题进行了大量的研究，并取得了丰富的学术成果。研究之初一部分学者的做法是把非期望产出作为投入要素纳入效率评价体系中，另一部分专家则通过数据处理和转换的方式，把非期望产出转变为期望产出进行效率分析，还有部分专家寄希望于拓展传统的效率模型实现对含有非期望产出决策单元的效率测算。把环境污染因素纳入效率评价框架之中，在评价模型中对非期望产出进行处理，主要有以下几种方式：

1. 作为投入要素处理

对决策单元进行效率评价的目标是，客观评价其生产能力，并分析出有可能改进的空间，有针对性地提高决策单位的生产水平，尽量减少投入因素，增加产出因素。通过分析投入因素减少的路径，在投入因素包括非期望产出减少时，实现增加期望产出的目标。早期这种做法被广泛应用于基础的 DEA 和 SFS 效率评价模型之中，其优点是不需要对非期望产出进行数据处理，逻辑直白、操作简单且运算快捷，并能把非期望产出的减少和期望产出的增加结合起来。但是其缺点也是显而易见的，首先，这种方法违背了非期望产出是一种产出而不是投入的概念，从生产过程和时间序列的角度来看，环境污染是一个输出因素，而不是一个输入因素。其次，从逻辑顺序的角度来看，非期望产出的生产并不能实现期望产出的增长。因此，如果将环境污染等非期望产出作为模型的输入要素，就无法对期望产出的增加做出合理的解释，更不能提出切实可行的改进策略，评价结果也不真实，不具有实际的可操作性。

2. 数据转换法

这种方法把非期望产出通过数学函数转换后，作为期望产出纳入效率模型中。非期望产出是人们不希望出现的坏产出，在实际经济活动中，具有负向性，即越少越好，这与期望产出越多越好的正向性不相符。在传统的 DEA 效率评价模型中，产出的变化方向必须是一致的，因此一些学者希望通过数据转换思想，使得非期望产出的期望方向与期望产出一致，从而以常规的期望产出的形式将其纳入效率研究的框架之中。函数转换的方法主要有三种：第一种是负产出法。负产出法由 Korhnnen 和 Luptacik（1985）提出，顾名思义就是通过改变非期望产出符号的方式，“负负得正”使其负向性转变为正向性，从而能在效率评价中满足与期望产出的同向变化。负产出方法自身具有两个重大的局限性，其一是负数不能作为产出数据代入效率评价模型中，因此负产出法不具备实际操作的条件；其二是负产出法虽然达到了非期望产出同向变化关系，但是其实际意义仍为非期望产出数量的增加，因而测出来的效率值也不准确，且没有实际解释意义。第二种是线性转换法。线性转化法是对负输出法的改进。具体方法是先改变非预期输出的符号，然后将其加到正向量中，确保其数字符号为正，从而具有实际可操作性。可以看出，其核心思想仍然与负产出法相一致，仍然违背了实际决策单位的生产逻辑和效率评价目的，其结果存在较大偏差。第三种是非线性函数转换法。该方法的核心思想与前两种基本一致，希望通过转换非期望产出的数据形式，实现效率测评的目的。然而这一方法并不是通过改变非期望产出的数学符号实现目的的，而是通过对其进行倒数处理等方法改变其变动方向，达到与期望产出同向变化的目的。此方法的局限性与上两种数据转化法类似，即测出的效率值与真实效率值存在较大的差距。

3. 直接作为非期望产出代入改进后的 DEA 模型

除了以上专家的研究之外，还有一部分专家没有把重点放在改变非期望产出的数值形式上，而是寄希望于完善传统 DEA 模型的功能。Chung 等（1997）提出方向性距离函数（DDF），实现了在期望产出增加的同时，非期望产出同比例减少的假设。其优点在于：第一，非期望产出不需要进行数据处理就能够直接代入效率模型之中，计算方式较为简单。第二，实现了不同种类的产出可以根据效率测算的意图按照正反两个方向同步变化，测算结果更加贴近决策单位的实际生产过程，具有较强的解释力。方向性距离函数的缺点是其效率测算结果很大程度上取决于方向向量的确定，但其突出的优点使得此模型被提出之后，就被大规模应用。基于松弛变量的 SBM 模型，其非径向非角度的特点更加适用于含有非期望产出的效率模型的测定，已成为环境效率、生态效率等含有非期望产出的效率模型的主流评价方式。本书在研究我国工业环境效率时采用的方法就是把非期望产出代入方向性距离函数的 SBM 模型及其 ML 指数模型，分别测算静态环境效率和动态环境效率。

（二）环境效率测度方法

1970 年以来，许多学者对环境效率进行了研究，一些学者认为环境效率的概念等同于生态效率。1990 年，Schaltegger 和 Sturm 把环境效率和可持续发展联系到一起。1992 年，环境效率的概念被世界可持续发展工商理事会广泛推广。此后，环境效率在可持续发展的研究中得到了广泛关注。它可以衡量经济活动中考虑自然资源和环境污染时的效率。

世界可持续发展工商理事会定义的环境效率是单位环境负荷下所创造的经济价值，即环境效率等于增加的产品或服务的价值与增加的环境负荷的比值，其中增加的产品或服务可以是收入、高质量产品、工作和 GDP 等，增加的环境负荷可以是能源消耗、水资源消耗和环境污染物等。环境负荷指经济活动中耗费资源或能源的数量。另一种对环境效率的定义是：环境效率指在一定时间内，生产者利用各种要素开展生产活动产生的环境影响。按照该定义有两种衡量方法，一是不考虑投入效率，用价值增加值和污染排放的比值表示。如 Schaltegger 和 Sturn 将环境效率定义为经济增加值与环境影响的比值。Muller 和 Sturm 定义的环境效率是从事经济活动的环境影响与所创造的经济价值的比值。二是投入产出之比，该定义的环境效率被称为环境综合效率。本书对环境效率的测度采用第二种定义。

环境效率的概念出现以后，学者们设计了多种环境效率的评价和测度方法。包括生命周期评价法（LCA 模型）、IPAT 模型、生态足迹评价以及方向性距离函数等。由于方向性距离函数的数理优势目前应用较多，因此本书在对我国区域工业环境效率和全要素生产率进行测度时也采用了方向性距离函数法。下面主要介绍方向性距离函数法的计算方法。

前文在技术效率的测度中提到了生产前沿的概念，对于环境效率的测度也可以用前沿分析法。前沿分析法应用于环境效率测度最主要的问题——环境污染作为“负产出”的处理，该问题在前文中已经提到。相比投入处理、数据转换法等方法存在的缺陷，前沿分析法在用于测度环境效率问题上具备绝对的优势，把前沿分析法应用于环境效率测度最突出的贡献就是方向性距离函数的提出。

为了能同时衡量期望产出增加和非期望产出减少时的效率情况，Shephard 提出了方向性距离函数的概念。其计算方法如下：

在同时考虑期望产出和非期望产出时，公式可写为：

$$D_o(x, y, b)=\inf\{\theta: [(y, b)/\theta] \in P'(x)\}$$

其中，$P'(x)$为同时考虑期望产出和非期望产出时的产出集合。

在上式中纳入方向向量 g_y 和 g_b，则形成方向距离函数：

$$\vec{D}_o(x, y, b; g_y, g_b)=\max\{\beta: (y+\beta\times g_y, b-\beta\times g_b) \in P'(x)\}$$

这里，假定期望产出和非期望产出按照相同的比例扩张和收缩，β 就是期望产出增多和非期望产出减少的比例。其中 $\beta\times g_y$ 代表期望产出增加的数量，$\beta\times g_b$ 代表非期望产出减少的数量。根据 Y. H. Chung（1997）的做法选择方向 $g_y=y$，$g_b=-b$。从图 4-1 我们可以看出方向距离函数与普通的产出距离函数的不同。对于 $DMU\ A$，由普通的产出距离函数得到的产出极限是 C 点，即 C 点是 A 点的对应有效率点，而由方向距离函数得到的产出极限是 B。方向距离函数要求 A 按照方向向量 $g=[g_{(y)}, -g_{(b)}]$ 增加 Y，同时减少 b 到达 B 点。

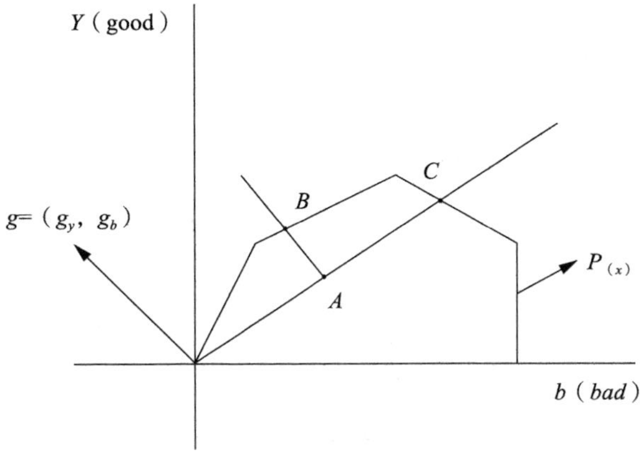

图 4-1　一般距离函数和方向距离函数

此时，由方向距离函数可以得到包含非期望产出的技术效率为：

$$TE_1 = \frac{1}{1+\vec{D}_o^t(x^t,\ y^t,\ b^t;\ y^t,\ -b^t)}$$

在投入给定的情况下，方向距离函数衡量的是期望产出增加、非期望产出减少的最大比例，因此其产出导向的方向距离函数为：

$$\vec{D}_o^t(x_k^t,\ y_k^t,\ b_k^t;\ y_k^t,\ -b_k^t) = \max\beta$$

$$\text{s.t.}\ \sum_{k=1}^{N} z_k^t y'^t_k \geqslant (1+\beta)y'^t_k$$

$$\sum_{k=1}^{N} z_k^t b'^t_k = (1-\beta)b'^t_k$$

$$\sum_{k=1}^{N} z_k^t x'^t_k \leqslant (1-\beta)x'^t_k$$

方向性距离函数法在评估环境效率时将非期望产出按照统一的处置性进行假设，这与实际生产中不同非期望产出往往具备差异化的技术特性不符，统一的处置性假设会导致环境效率的测度结果出现偏差。SBM 超效率模型存在的非角度和不同处置性可以解决该问题。

（三）环境绩效测度方法

在同时考虑期望产出和非期望产出的情况下，就可以用方向距离函数替代产出距离函数来衡量全要素生产率，Y. H. Chung（1997）把该指数命名为 Malmquist-Luenberger 生产力指数：

$$ML_t^{t+1}=\left[\frac{1+\vec{D}_o^t(x^t,\ y^t,\ b^t;\ y^t,\ -b^t)}{1+\vec{D}_o^t(x^{t+1},\ y^{t+1}.\ b^{t+1};\ y^{t+1},\ -b^{t+1})}\times\right.$$

$$\left.\frac{1+\vec{D}_o^{t+1}(x^t,\ y^t,\ b^t;\ y^t,\ -b^t)}{1+\vec{D}_o^{t+1}(x^{t+1},\ y^{t+1},\ b^{t+1};\ y^{t+1},\ -b^{t+1})}\right]^{1/2}$$

ML 指数同样可分解为技术效率变化指数（MLEFFCH）和技术变化指数（MLTECH）：

$$ML_t^{t+1}=MLEFFCH_t^{t+1}\times MLTECH_t^{t+1}$$

其中：

$$MLEFFCH_t^{t+1}=\frac{1+\vec{D}_o^t(x^t,\ y^t,\ b^t;\ y^t,\ -b^t)}{1+\vec{D}_o^{t+1}(x^{t+1},\ y^{t+1},\ b^{t+1};\ y^{t+1},\ -b^{t+1})}$$

$$MLTECH_t^{t+1}=\left[\frac{1+\vec{D}_o^{t+1}(x^t,\ y^t,\ b^t;\ y^t,\ -b^t)}{1+\vec{D}_o^t(x^t,\ y^t,\ b^t;\ y^t,\ -b^t)}\times\right.$$

$$\left.\frac{1+\vec{D}_o^{t+1}(x^{t+1},\ y^{t+1},\ b^{t+1};\ y^{t+1},\ -b^{t+1})}{1+D\rightarrow_o^t(x^{t+1},\ y^{t+1},\ b^{t+1};\ y^{t+1},\ -b^{t+1})}\right]^{1/2}$$

假设图 4-2 描述了两种产出情况下的生产可能性曲线（*PPC*），其中 PPC_0 为不包含非期望产出的生产可能性曲线，PPC_1 为包含非期望产出的生产可能性曲线，由于 PPC_1 包含非期望产出，生产集合所受到的限制较为严格，因此 PPC_1 位于 PPC_0 的下面。而 *DMU A* 相对于 PPC_0 的效率为：$TE_1=OA/OC$；其相对于 PPC_1 的效率为：$TE_0=OA/OB$。由于考虑非期望产出 后，生产可能性曲线从 PPC_0 向内移动到 PPC_1，因此环境绩效为：$W_{(b)}=OB/OC=TE_1/TE_0$，即不包含非期望产出的效率与包含非期望产出的效率的比。

动态的环境指数变化也可以用同样的方法测度。假设从 t 期到 $t+1$ 期，不包含非期望产出的生产可能性曲线由 PPC_0 移动到了 PPC'_0，包含非期望产出的生产可能性曲线由 PPC_1 移动到了 PPC_1，M_t^{t+1} 为不考虑非期望产出的全要素生产率的增加，ML_t^{t+1} 为考虑非期望产出的全要素生产率的增加，

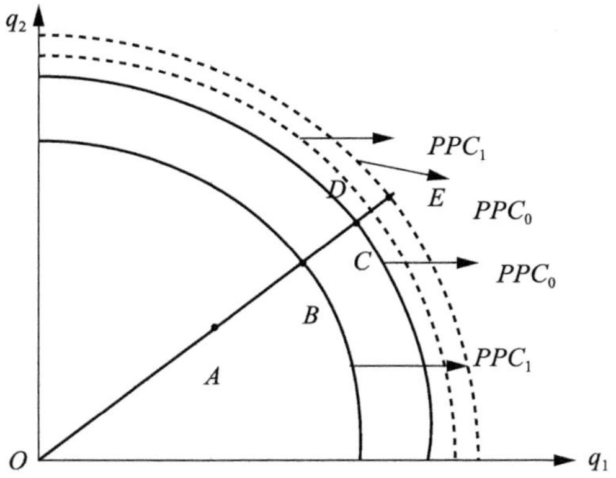

图 4-2 环境绩效和环境指数

由以上环境绩效的定义可知 $W_{(b)t}=OB/OC$，$W_{(b)t+1}=OD/OE$，则 $W_{(b)t}^{t+1}=W_{(b)t+1}/W_{(b)t}=\frac{OD/OE}{OB/OC}=\frac{OD/OB}{OE/OC}=ML_t^{t+1}/M_t^{t+1}$。环境指数即为考虑非期望产出的全要素生产率的增加与不考虑非期望产出的全要素生产率的增加。

根据规划求解公式，我们可以求出 $D_o^t(x^{t+1},\ y^{t+1})$、$D_o^{t+1}(x^t,\ y^t)$、$D_o^{t+1}(x^{t+1},\ y^{t+1})$，由此即可计算出$ML_t^{t+1}$、$MLEFFCH_t^{t+1}$、$MLTECH_t^{t+1}$。

四、本章小结

本章简单介绍了几种生产率和效率评价的方法。从静态角度，效率测度比较是比较横截面上各决策单元的效率与前沿面的效率的距离，即前沿分析法，包括最常用的 SFA 参数分析法和 DEA 非参数分析法。从动态的角度，即测度年份之间的生产率增长状况，最常用的指标即全要素生产率及其分解指数。另外，简单介绍了把能源和环境因素引入效率评价后的环境效率和环境指数测度的方向距离函数和 ML 指数法。本章主要为建立实证分析模型做准备工作。

第五章

基于共同前沿法的我国区域工业技术效率测度的实证分析

一、基于共同前沿法的我国区域工业技术效率评价模型的建立

（一）基于共同前沿法的我国区域工业技术效率评价模型准备

本部分研究的实体对象是我国的省级区域，从资料可得性的角度，这里选择了 29 个省级地区（海南省、西藏自治区因数据缺乏未纳入分析范围）作为决策单元（DMU），并通过区域划分、变量选择、样本期确定等，完成利用共同前沿法进行我国工业技术效率区域比较的模型构建准备工作。

1. DMU 分组

在共同前沿法的研究中，首先要对 DMU 进行分组，以便能够在各组随机前沿面建立的基础上，进一步实现共同前沿面分析。在类似的研究中，一般按照不同的地理位置将我国省级地区分为东部、东北部、中部、西部四组，这种划分在一定程度上体现了各区域不同的环境因素和技术水平。但是，由于东北部地区和中部地区 DMU 过少，将会破坏共同前沿面分析的基本条件，因此本书将东北部地区和中部地区进行了合并。由于东北三省在三次产业结构方面与中部地区的河南、湖北、湖南等省很相似，因此这种合并不会产生太大偏差。为描述方便，以下将中部和东北部合成区域一并简称为中部，调整后的区域分组如表 5-1 所示。

表 5-1 我国省级区域的分组

东部（$j=1$）		中部（$j=2$）		西部（$j=3$）	
i		i		i	
1	北京市	1	山西省	1	内蒙古自治区
2	天津市	2	辽宁省	2	广西壮族自治区
3	河北省	3	吉林省	3	重庆市
4	上海市	4	黑龙江省	4	四川省
5	江苏省	5	安徽省	5	贵州省
6	浙江省	6	江西省	6	云南省
7	福建省	7	河南省	7	陕西省
8	山东省	8	湖北省	8	甘肃省
9	广东省	9	湖南省	9	青海省
				10	宁夏回族自治区
				11	新疆维吾尔自治区

注：出于数据原因，本研究剔除了海南、西藏两个省份，也未包含香港、澳门以及台湾地区。

2. 变量的选择与处理

共同前沿法涉及投入、产出两方面的变量指标，指标的选择既要有效反映现实的生产函数关系，也要综合考虑数据的合理性和可得性等。为此，本书选择固定资产净值年平均余额、年均从业人员数量作为资本投入和劳动投入指标，采用工业总产值作为产出指标。

（1）资本投入。很多类似的研究都以固定资产投资作为资本投入变量，本书认为这是不符合现实的，因为在大多数情况下，固定资产投资都有投资时滞，很可能对当年的产出不产生任何作用，真正发挥作用的是资本累积过程中在现期能够发挥作用的部分，因此采用固定资产净值年平均余额作为资本投入比较科学。

固定资产净值年平均余额=当年 1 月至 12 月各月固定资产净值之和/12

固定资产净值=固定资产原价-历年已提取的折旧额

（2）劳动投入。我们选择工业各行业年均从业人员数作为劳动投入的度量指标。

（3）工业总产值。工业总产值是以货币表现的工业企业在一定时期内生产的已出售或可供出售的工业产品总量，它反映一定时间内工业生产的总规模和总水平。在将工业资本和劳动等作为投入要素的基础上，它能够比较客观和全面地描述整个工业的产出效果。

以上投入产出指标均以 2006 年的价格为基础，对当年价格进行了不变价的处理。其中对固定资产净值的价格处理，参照 Jefferson 等的做法进行了如下折算：

$$K_t = K_{t_0} + \sum_{t_0+1}^{t} \Delta k_t / P_{i(t)}$$

其中，K_{t_0}为 2006 年的固定资产净值年平均余额，Δk_t 为第 t 年固定资产净值增加值，它是相邻两年固定资产净值年平均余额之差，$P_{i(t)}$ 为 i 地区第 t 年的固定资产投资指数；工业总产值的价格处理则是利用每年各地区的工业品出厂价格指数，将当年价的工业总产值折算为以 2006 年价表示的不变价。

3. 样本期间的确定

本书的样本期间设定为 2006—2018 年，一方面根据相关模型原理，误差性假定的合理性取决于研究样本期的长短，如果选取的时间太短，随机误差项均值将不为零，这种情况下，随机误差将归于无效率，如果样本期过长，外部环境变动过大，也会影响研究结果；另一方面受到统计数据可得性和统计方法变化所限，我国的工业统计工作开展的时间比较晚，延长样本期间将难以找到完整的统计数据来支撑。本书中所用的数据资料均采自 2006—2018 年的《中国统计年鉴》，这在一定程度上保证了研究结论的可信度。

（二）基于共同前沿法的我国区域工业效率评价模型的建立

我国工业区域性生产前沿模型将以弗恩泰斯、格里费尔—塔特斯和佩雷尔曼（2001）提出的含有时间变量的超越对数随机前沿函数为基础，具体模型为：

$$\ln Y_{itj} = \beta_{0(j)} + \beta_{1(j)} \ln K_{itj} + \beta_{2(j)} \ln L_{itj} + \beta_{3(j)} t + 0.5\beta_{4(j)} (\ln K_{itj})^2 + 0.5\beta_{5(j)} (\ln L_{itj})^2 +$$

$$0.5\beta_{6(j)}t^2+\beta_{7(j)}(\ln L_{itj})(\ln K_{itj})+\beta_{8(j)}t\times\ln K_{itj}+\beta_{9(j)}t\times\ln L_{itj}+U_{itj}-V_{itj}$$

其中，下标 j 表示划分的三大区域（$j=1$ 代表东部，$j=2$ 代表中部，$j=3$ 代表西部）；下标 i 表示不同的省级地区（当 $j=1$ 时，$i=1$，2，…，9 分别代表北京、天津、河北、上海、江苏、浙江、福建、山东、广东；当 $j=2$ 时，$i=1$，2，…，9 分别代表山西、辽宁、吉林、黑龙江、安徽、江西、河南、湖北、湖南；当 $j=3$ 时，$i=1$，2，…，11 分别代表内蒙古、广西、重庆、四川、贵州、云南、陕西、甘肃、青海、宁夏、新疆）；t 代表 2006 年至 2018 年的不同时期（$t=1$，2，…，11）。

Y_{itj}代表第 j 个区域中第 i 个省份在第 t 年的工业总产值，K_{itj}代表第 j 个区域中第 i 个省份在第 t 年的工业固定资产净值，L_{itj}代表第 j 个区域中第 i 个省份在第 t 年的工业年平均从业人数，t 代表时间。

β 为待估参数，V_{itj} 为随机误差，U_{itj} 为技术无效因素。这里假设 $V_{itj}\sim iidN(0,\ \sigma^2_{V_{itj}})$ 且与 U_{itj}的分布相互独立，且服从截断的正态分布，即 $U_{itj}\sim iidN^+(\mu,\ \sigma^2_{U_{itj}})$。

利用历年我国各区域各省份工业的投入产出数据，可估计出上述公式的参数，由此可计算出各省份工业基于区域的技术效率：

$$TE_{itj}=Y_{itj}/e^{X_{itj}+V_{itj}}=e^{-U_{itj}}$$

其中，TE_{itj}为 j 区域 i 省份在第 t 年的基于区域的效率，指地区实际产出水平相对于区域最大潜在产出水平的比例。

$x_{itj}=[1,\ \ln K_{itj},\ \ln L_{itj},\ t,\ 0.5(\ln K_{itj})^2,\ 0.5(\ln L_{itj})^2,\ 0.5t^2,\ (\ln K_{itj})(\ln L_{itj}),\ t\ln K_{itj},\ t\ln L_{itj}]$ 为解释变量向量。

在区域性随机前沿模型的基础上，构建各区域前沿面的包络线，对此 Battese 等（2004）提出了两种方法：最小绝对离差法与最小离差平方和法，这里我们采用了前者。共同前沿函数可表述为以下线性规划问题：

$$\min_{\beta} L^* = \sum_{i=1}^{N}\sum_{t=1}^{T}\left| x_{itj}\beta^*_{(j)} - x_{itj}\hat{\beta}_{(j)} \right|$$

$j=1$ 时 $N=9$；$j=2$ 时 $N=9$；$j=3$ 时 $N=11$；$T=11$

$$\text{s.t.}\quad x_{itj}\beta^*_{(j)} \geqslant x_{itj}\hat{\beta}_{(j)}$$

该线性规划可简化为：

$$\min_{\beta^*} \bar{x}_{itj}\beta^*$$

$$\text{s. t.} \quad x_{itj}\beta^* \geqslant x_{itj}\hat{\beta}_{(j)}$$

其中，$\bar{x}_{itj}$代表x_{itj}的均值，$\hat{\beta}_{(j)}$为区域随机前沿生产函数的系数，β^*为共同前沿生产函数的系数。

利用共同前沿函数，可测定各地区的技术差距比 TGR 和相对于共同前沿的技术效率 TE^*：

$$TGR_{itj} = e^{x_{itj}\hat{\beta}(j)} / e^{x_{itj}\beta^*}$$

$$TE_{itj}^* = TE_{itj} \times TGR_{itj}$$

其中，TGR_{itj}为j区域i省份在第t年的技术差距比率，指区域最大潜在产出水平与共同前沿最大潜在产出水平的比例；TE_{itj}^*为j区域i省份在第t年的基于共同前沿的技术效率，指地区实际产出水平相对于共同前沿最大潜在产出水平的比例。

（三）参数估计

运用 Frontier 4.1 软件，计算出超越对数随机前沿函数的各项参数最大似然估计值以及基于线性规划的共同前沿函数参数估计值（见表 5-2）。

表 5-2　随机前沿和共同前沿参数估计值

参数	东部	中部	西部	全国	共同前沿
β_0	24. 64***	16. 97***	4. 56***	2. 62**	-6. 86
β_1	-4. 24***	-2. 25**	-2. 49**	-0. 32**	7. 69
β_2	-1. 85**	-1. 88*	1. 75***	2. 44**	-1. 85
β_3	2. 79***	0. 27**	1. 74***	0. 69**	-0. 52
β_4	0. 74***	0. 73***	0. 41**	0. 73***	-1. 65
β_5	-1. 16**	0. 23**	0. 36**	0. 35**	-1. 45
β_6	0. 94**	0. 82***	0. 745**	0. 9615**	-0. 68
β_7	0. 85**	-0. 098**	-0. 567**	-1. 17**	1. 14
β_8	-2. 16***	-0. 913**	-0. 38**	-0. 84***	1. 56
β_9	-0. 019**	-0. 8238***	0. 88**	0. 13***	-0. 023

续表

参数	东部	中部	西部	全国	共同前沿
σ^2	0. 231475 *	0. 5632 ***	0. 5638 **	0. 8331 **	
γ	0. 654789 ***	0. 2349 ***	0. 7654 **	0. 87921 ***	
μ	-0. 7654 **	-2. 2482 **	0. 68523 **	0. 7123 **	
η	0. 0049871 *	-0. 05607 ***	0. 669 **	-0. 9328 **	
Log-1	231. 3569	178. 663	154. 596	256. 5873	
LR	167. 765498	125. 2587	69. 8763	369. 4986	

注：* 表示参数的显著性检验，其中 ***、**、* 分别表示双尾检验下 1%、5%、10%的显著性水平。

对上述参数估计值进行两方面的检验，其一是各参数的显著性检验，检验结果见表 5-2；其二是似然比检验，主要判断采用共同前沿函数法的合理性，即如果全部省级地区的工业效率可由单个生产前沿与相同技术引起，各大区域工业发展的技术条件没有明显差异，则没有必要应用共同前沿函数法。通过计算可知，LR 为 369，即在 5%显著水平下［卡方临界值为 41. 337（自由度为 28）］该似然比检验是统计显著的。因此，本书采用的方法是适当的。

另外，由于本书在估计随机前沿时采用了带有平方项和交叉项的扩展型超越对数函数，因此参数估计值为负的情况仅具有数学上的意义。经进一步计算，各区域投入要素对产出的弹性系数均为正值。

二、基于共同前沿法的我国区域工业技术效率评价实证结果分析

将上述参数估计值代入相应模型，可计算出各区域、各省份、各年度的多项技术效率衡量指标，包括基于区域随机前沿的技术效率（TE）、区域随机前沿与共同前沿的技术差距比（TGR）以及基于共同前沿的技术效率（TE*）等。运用这些指标值可较全面地把握我国各区域工业效率的总体水平和动态趋势。

（一）各区域工业技术效率的总体水平

由表 5-3 给出的数据可以看出，相对于各区域自身的随机前沿面，东部、中部、西部的平均 TE 分别达到 0.8848、0.8822 和 0.7139 的较高水平，其中东部最高，说明该地区在自身的技术条件下，工业技术效率的整体水平发挥得比较充分；相对于共同前沿面，东部、中部、西部的平均 TGR 依次为 0.9251、0.6482 和 0.6436，其中东部最高，中部、西部与东部存在比较明显的差距。相对于共同前沿面，东部、中部、西部的平均 TE^* 分别为 0.8186、0.5739 和 0.4567，其中东部最高，其他两个区域之间差距不大，但与东部已拉开相当的距离。

表 5-3　各区域工业效率统计表

东部	平均值	最大值	最小值	标准差
TE	0.8848	0.9811	0.7496	0.0855
TGR	0.9251	1	0.8541	0.0495
TE^*	0.8186	0.9790	0.6739	0.0903
中部	平均值	最大值	最小值	标准差
TE	0.8822	0.9794	0.6828	0.0951
TGR	0.6482	1	0.4192	0.1452
TE^*	0.5739	0.9769	0.3947	0.1579
西部	平均值	最大值	最小值	标准差
TE	0.7139	0.9651	0.3876	0.1218
TGR	0.6436	1	0.5208	0.1191
TE^*	0.4567	0.7819	0.2461	0.0989

（二）各区域工业技术效率的动态变化

为了进一步诠释各区域工业技术效率随时间变化的情况，对三大区域 TE、TGR 和 TE^* 随时间变化的动态趋势进行了分析和描述。

2006—2018 年，相对于各自区域的随机前沿面，东部和中部的平均技术效率随着时间的推移有逐步向上的趋势，但提升的速度很慢，而西部显现出逐步滑落的倾向，由 2006 年的 0.8008 下降到 2018 年的 0.6545。

东部、中部、西部三个区域内的技术差距比分别从 2006 年的 0.9307、0.7175、0.6177 上升到 2019 年的 0.9989、0.7023、0.6465，三大区域的技术差距比缓慢上升，1998—2000 年都曾出现下降的趋势，这与这一时期东南亚金融危机的影响有关，但总体来说各区域随机前沿与共同前沿之间的距离在不断缩小。

在样本期内，相对于共同前沿面，东部、中部、西部的 TE^* 也类似于 TGR，分别从 2006 年的 0.7030、0.4484、0.4142 下降到 2018 年的 0.8209、0.5501、0.4788，这表明相对于共同前沿，各区域的实际平均技术效率正在逐步下降。

（三）各区域工业技术效率的差异性特点

表 5-4 给出了东部、中部、西部区域内各省份的 TE、TGR 和 TE^* 等技术效率的排序情况，大体分为以下几种情况：

第一种情况，TE、TGR 和 TE^* 三个指标都比较低，如东部的河北省，中部的黑龙江省以及西部的陕西省等。这些省份工业的历年平均技术效率不仅与所属区域的随机前沿有较明显的差距，而且与共同前沿更是相差甚远，其提高技术效率的任务最为艰巨。

第二种情况，TE、TGR 和 TE^* 三个指标都比较高，如东部的广东省和西部的宁夏回族自治区等。这些省份工业的历年平均技术效率既非常接近于区域随机前沿，也非常接近于共同前沿，是技术效率发挥得最充分的地区。

第三种情况，TE 较高但 TGR 和 TE^* 较低或优势不明显，如东部的上海市，中部的湖北省以及西部的云南省。这些省份工业的历年平均技术效率在本区域内发挥得较好，但相对于共同前沿还有一定的潜力可以挖掘。中部整体上也属于这种情况。

表 5-4　三大区域各省份技术效率排序

地区	省份	TE	省份	TGR	省份	TE*
东部	上海市	0.9854	福建省	0.9771	广东省	0.7273
	江苏省	0.9542	广东省	0.9547	天津市	0.7143
	广东省	0.9287	天津市	0.9249	北京市	0.6908
	浙江省	0.9032	北京市	0.9012	江苏省	0.6686
	山东省	0.8045	江苏省	0.8971	上海市	0.6079
	天津市	0.6027	山东省	0.8645	福建省	0.5773
	北京市	0.9214	浙江省	0.7932	浙江省	0.5692
	河北省	0.5315	河北省	0.7814	山东省	0.5342
	福建省	0.6358	上海市	0.7784	河北省	0.3498
中部	湖北省	0.9812	河南省	0.5239	河南省	0.4664
	辽宁省	0.9619	江西省	0.4987	安徽省	0.4652
	吉林省	0.9592	湖南省	0.4087	江西省	0.4233
	安徽省	0.9512	安徽省	0.3981	湖南省	0.3981
	江西省	0.8917	山西省	0.3812	辽宁省	0.3584
	湖南省	0.8049	辽宁省	0.3719	湖北省	0.3308
	河南省	0.7934	黑龙江省	0.3438	吉林省	0.3267
	黑龙江省	0.6754	湖北省	0.3381	黑龙江省	0.2197
	山西省	0.5592	吉林省	0.3145	山西省	0.2013
西部	云南省	0.9765	宁夏回族自治区	0.8987	宁夏回族自治区	0.6570
	重庆市	0.8097	青海省	0.7654	青海省	0.5432
	广西壮族自治区	0.7356	重庆市	0.6987	重庆市	0.4765
	宁夏回族自治区	0.7234	贵州省	0.4981	云南省	0.3981
	新疆维吾尔自治区	0.7198	广西壮族自治区	0.4098	贵州省	0.3349
	四川省	0.6917	四川省	0.4012	广西壮族自治区	0.3091
	内蒙古自治区	0.6658	甘肃省	0.3918	新疆维吾尔自治区	0.2098
	青海省	0.6512	新疆维吾尔自治区	0.3901	四川省	0.2976
	贵州省	0.6439	陕西省	0.3865	甘肃省	0.2876
	甘肃省	0.6382	内蒙古自治区	0.3789	内蒙古自治区	0.2419
	陕西省	0.6193	云南省	0.3567	陕西省	0.3124

三、本章小结

根据本章实证研究的结果，归纳出以下几点结论：

（1）人均 GDP 和产业结构均表明我国的工业化进程已经过半，通过实证分析也可以很清楚地看到，我国工业化的总体效率水平不断上升，位于和接近于全国共同生产前沿面的地区也不断增加，2018 年东部、中部、西部三大区域工业的实际产出水平分别为潜在产出水平的 82%、55%和 48%，工业化阶段与工业化技术进步基本同步，但各大区域工业仍然与潜在产出方面存在差距，面临着转变发展方式的艰巨任务。

（2）近年来我国各大区域的工业化进程都在快速推进，但发达地区与欠发达地区之间基于共同前沿的 TE^* 和 TGR 差距还相当明显，说明二元经济的特征不仅表现在区域经济的综合层面上，也反映在工业技术效率的落差上。值得关注的是，东部与中部、东部与西部区域之间的 TGR 差距总体上没有随时间的推移而扩大。2006 年东部与中部、东部与西部区域之间的 TGR 差距分别为 0.2132 和 0.313，2018 年该差距上升为 0.2966 和 0.3524。我国二元经济的特征不仅没有转变，反而有进一步扩大的倾向。

（3）值得关注的另一个突出表现是虽然国家不断加大开发西部的力度，但是西部工业的技术效率仍然不容乐观，无论是基于共同前沿的实际技术效率 TE^*，还是反映区域随机前沿与共同前沿关系的 TGR，都显著落后于中部和东部区域。这也从另一个侧面证实了在东部开放、中部崛起的大背景下，政府仍需加大对西部地区产业转移和升级的力度。

第六章

基于 DEA-SBM 的我国区域工业传统效率评价分析

传统的 DEA 模型（如 CCR 和 BCC 模型）属于径向（从原点出发的射线）和角度（考虑选择投入或产出角度测量）的测量模型，评价结果跟实际会存在一定的误差。本章内容要点：基于非径向、非角度的 SBM 超效率 DEA 方法构建我国区域工业技术效率模型，然后运用 SBM-VRS-DEA 模型把区域工业技术效率分解为纯技术效率与规模效率。

一、我国区域工业技术效率测度的非参数模型选择

第四章详细介绍了技术效率测度非参数 DEA 模型中的 CCR 和 BCC 两个最常用的模型。这两个模型同属于径向（从原点出发的射线）和线性分段形式的度量。这种度量思想的特点是强可处置性，确保了效率前沿面或无差异曲线的凸性，但会造成投入要素的拥挤或松弛。这种投入或产出要素拥挤的存在是同新古典经济学基本假设相违背的。比如，从投入角度的度量模型来看，松弛投入的存在表示这些投入要素的边际产出为零。鉴于此，本部分内容采用非径向、非角度的 SBM-DEA 模型，避免了传统的测度模型径向和角度的制约。

本部分根据效率理论，以 2006—2018 年我国大陆 29 个省级地区面板数据为基础，采用 SBM 超效率方法，评价了我国各省工业规模报酬不变下的技术效率，并对技术效率进行了分解，分离出规模报酬可变下的纯技术效率和规模效率，进一步分析其变化轨迹和地区差异。本部分研究的实体对象是我国的省级区域，因考察资料的可得性，这里选择了 30 个省级地区

（西藏因数据缺乏未被纳入分析范围）作为决策单元，样本期间设定为2006—2018年，分别选用固定资产净值年平均余额、年均从业人员数量作为资本投入和劳动投入指标，采用工业总产值作为产出指标。资本投入、劳动投入和工业总产值的处理方法与第五章相同。

二、基于SBM超效率评价模型的我国区域工业技术效率静态分析

本部分内容首先采用SBM超效率评价模型测算各省工业技术效率值，然后采用Super-SBM模型对效率值为1的决策单元进行排序，从而更好地比较区域间差异。

（一）基于SBM模型的我国区域工业技术效率评价

运用SBM-N-CRS模型，测算出2006—2018年在CRS条件下我国区域工业技术效率值，评价结果从表6-1可简单看出：

（1）从历年的评价结果可以看出，工业活动有效率的省份包括：上海市（仅2008年无效率）、浙江省（仅2013年无效率）、江苏省（仅2008年、2015年无效率）、广东省（工业活动有效率），其他省份大多数年份都处于无效率状态。

（2）13年来全国各省工业技术效率的评价值为0.7544，即产出水平为潜在水平的75.44%，这说明我国工业活动效率水平中等，存在一定的上升空间。

（3）表6-1汇总出了各省份所有年份技术效率的平均值（右数第二列），广东省最高，上海市次之，西部的贵州省和新疆维吾尔自治区分别居倒数第二名和倒数第一名。主要原因是这些省份工业基础比较薄弱。

（4）从各年份全国工业技术效率的平均值来看（最下面一行），技术效率最高的年份是2016年，为0.7765；较差的年份是2008年，仅为0.6624。其主要原因可能是2008年全球金融危机，产品出口受限。

表 6-1 2006—2018 年我国各省份个别年份工业技术效率值及其均值

省份	2006 年	2008 年	2013 年	2016 年	2018 年	均值	均值排名
北京市	0.9199	0.7714	0.9457	0.8478	0.9526	0.9313	8
天津市	0.8939	0.9253	0.9323	1.0000	0.8216	0.9236	9
河北省	0.9285	0.9365	0.9077	1.0000	1.0000	0.9514	7
山西省	0.6100	0.8210	0.4502	0.8621	0.9603	0.7692	17
内蒙古自治区	0.2578	0.4612	0.3585	0.8600	0.4562	0.5329	25
辽宁省	1.0000	0.5385	0.6845	0.6135	0.2928	0.7462	18
吉林省	0.8530	0.6379	0.8126	0.5830	0.5482	0.7382	19
黑龙江省	0.4372	0.6831	0.3675	0.6074	0.5101	0.6394	22
上海市	1.0000	0.9519	1.0000	1.0000	1.0000	0.9954	2
江苏省	1.0000	0.9342	1.0000	1.0000	1.0000	0.9949	3
浙江省	1.0000	1.0000	0.9437	1.0000	1.0000	0.9905	4
安徽省	0.9788	0.5530	0.8451	1.0000	1.0000	0.7986	14
福建省	0.9959	0.9514	0.9882	1.0000	1.0000	0.9581	6
江西省	0.5489	0.6962	0.8801	0.8017	0.7537	0.7829	16
山东省	0.8080	1.0000	0.9528	1.0000	1.0000	0.9611	5
河南省	0.6767	0.6775	0.9252	0.9660	1.0000	0.8714	11
湖北省	0.7721	0.7576	0.8988	0.8745	0.6578	0.7970	15
湖南省	0.6350	0.5572	0.7371	1.0000	0.7271	0.8197	13
广东省	1.0000	1.0000	1.0000	1.0000	1.0000	1.0000	1
广西壮族自治区	0.6317	0.3969	0.3004	0.7045	0.3110	0.6548	20
海南省	0.2703	0.2261	0.4254	0.3610	0.2646	0.4549	28
重庆市	0.9215	0.6238	0.8775	0.9760	0.8220	0.9185	10
四川省	0.8522	0.5781	0.9570	1.0000	0.8963	0.8650	12
贵州省	0.1674	0.2778	0.3798	0.3720	0.0838	0.3981	29
云南省	0.5683	0.2748	0.3842	0.7162	0.6547	0.5426	24
陕西省	0.5534	0.8340	0.6363	0.5620	0.6170	0.6474	21
甘肃省	0.5030	0.6328	0.4219	0.5074	0.6879	0.5905	23
青海省	0.2194	0.3881	0.3411	0.4290	0.6030	0.4955	26
宁夏回族自治区	0.4139	0.5304	0.4311	0.1728	0.3010	0.4785	27

续表

省份	2006年	2008年	2013年	2016年	2018年	均值	均值排名
新疆维吾尔自治区	0.3719	0.4283	0.3952	0.479	0.8425	0.3840	30
均值	0.6930	0.6624	0.6976	0.7765	0.7188	0.7544	

（5）从表6-2中可以看出我国总体和三大区域工业效率值的分布情况。历年都有效的仅有广东省，位于我国东部。效率良好的省份有9个，除了重庆市位于西部地区以外，其他8个省份都位于我国东部沿海地区。效率中等的省份有7个，除了四川省位于西部地区，其他省份都位于我国中部地区。效率比较低的有13个省份，分别是东部地区的海南省，中部地区的内蒙古自治区、吉林省、辽宁省、黑龙江省，西部地区的贵州省、云南省、陕西省、甘肃省、宁夏回族自治区、青海省、广西壮族自治区、新疆维吾尔自治区。东部地区的海南省主要发展旅游业，工业比较少。辽宁省、黑龙江省、吉林省作为东北工业基地，转型过程中也存在比较多的问题。西部地区经济不发达，工业基础相对薄弱。东部省份除了海南其他省份的效率评价值都在0.9以上，工业表现较好。西部地区除了重庆市和四川省外，效率评价值都在0.75以下，工业效率低下，符合我国工业发展的现实状况。

表6-2　各地区工业技术效率分布状况

工业效率	评价值	全国		东部地区		中部地区		西部地区	
		数量	占比	数量	占比	数量	占比	数量	占比
有效	1	1	0.033	1	0.091				
效率良好	0.9~1	9	0.300	8	0.727			1	0.1
效率中等	0.75~0.9	7	0.233			6	0.667	1	0.1
效率低下	0.75以下	13	0.433	1	0.182	4	0.333	8	0.8

（6）从图6-1可以看出，2006—2018年全国及东、中、西三大区域工业技术效率均值波动不大，西部地区略有起伏。东部地区的技术效率一直领先于其他地区和全国均值，西部地区一直位于均值线以下，中部地区和均值线基本保持一致。

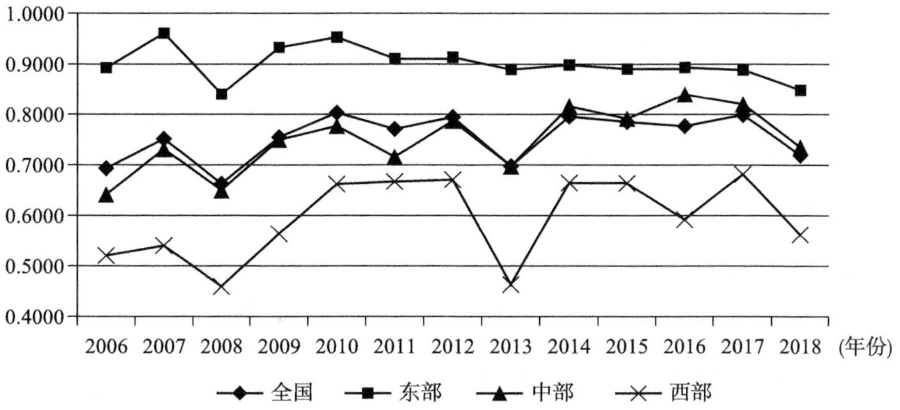

图 6-1 2006—2018 年分区域技术效率变动趋势

（二）基于 SBM 模型的我国区域工业技术效率分解情况分析

1. 技术效率的分解

基于 CCR 的 SBM 模型测量的技术效率假设规模报酬不变，这种假定只有当所有决策单元的生产都位于最佳规模（投入的规模既不偏大也不偏小）的情况下才是适当的。但是，现实中不完全竞争、金融约束、制度失灵等诸多外部因素的存在，使得决策单元并不总是处于最佳生产规模上，存在规模上的不经济。因此，我们在分析的过程中，有必要对规模不经济（规模无效率）的程度进行测度，考察排除规模效率影响的纯技术效率。

CCR 模型是在规模报酬不变情况下测度技术效率的，Banker 等认为如果 BCC 模型和 CCR 模型得到的效率值相等，该决策单元就不存在规模无效；如果两种情况下得到的效率值不相等，该决策单元就存在规模无效。根据上述假定，可以把测量的技术效率值分解为规模效率和纯技术效率两部分，即：

$$TE = SE \times PTE$$

其中，TE、SE 和 PTE 分别表示技术效率、规模效率和纯技术效率；TE 为按照规模报酬不变的 CCR 模型技术测得的技术效率值，PTE 为按照规模报酬可变的 BCC 模型计算出来的技术效率值。

PTE 衡量技术有效性。PTE = 1 指产出相对于投入而言已经达到最大或投入相对于产出而言已经达到最小，这样的生产过程是技术有效的。

SE 衡量规模有效性。SE=1 指投入的规模既不偏小也不偏大，产出和投入同倍数增长。规模偏大（规模收益递减）指投入成本增加时，产出低于投入增加的倍数，规模偏小（规模收益递增）指投入成倍增加时，产出会以高于投入同倍数的趋势增长。

规模效率的测度方法无法区分决策单元的生产活动是处于规模报酬递增还是规模报酬递减。为此，Coelli 建立了一个非规模报酬递增即规模报酬递减的 DEA 模型，把 VRS - DEA 模型中的约束条件 $\sum_{j=1}^{n}\lambda_j = 1$ 改为 $\sum_{j=1}^{n}\lambda_j \leqslant 1$，即得到 NIRS - DEA 模型：

$$\min\tau = t - \frac{1}{m}\frac{\sum_{i=1}^{m}S_i^-}{x_{i0}}$$

$$\text{s.t.}\ 1 = t + \frac{1}{s}\frac{\sum_{r=1}^{s}S_r^+}{y_{r0}}$$

$$tx_0 = \sum_{j=1}^{n}x_{ij}\Lambda + S^-\ (i = 1,\ \cdots,\ m)$$

$$ty_0 = \sum_{j=1}^{n}y_{rj}\Lambda - S^+\ (r = 1,\ \cdots,\ s)$$

$$\sum_{j=1}^{n}\lambda_j \leqslant 1$$

$$\Lambda \geqslant 0,\ S^- \geqslant 0,\ S^+ \geqslant 0,\ t \geqslant 0$$

判断决策单元的生产活动是处于规模报酬递增还是规模报酬递减，方法是对 CRS-DEA、VRS-DEA 和 NIRS-DEA 模型得到的技术效率水平值进行比较：首先，比较 CRS-DEA 模型与 VRS-DEA 模型得到的技术效率值，若两者相等，则说明生产活动服从规模报酬不变，即生产活动处在最优的生产规模上；反之，则说明生产活动存在规模无效。其次，如果存在规模无效，就比较 VRS-DEA 模型和 NIRS-DEA 模型得到的技术效率水平值，若两者相等，则说明生产活动所处的规模太大，并存在规模报酬递减；若两者不相等，则说明生产活动所处的规模太小，并存在规模报酬递增。

2. 我国区域工业纯技术效率分析

采用规模报酬可变下的 SBM（SBM-N-VRS）模型，将技术效率继续分解，分离出规模效率（SE），得到排除了规模影响的纯技术效率（PTE），然后再和采用规模报酬可变（SBM-N-NIRS）模型得出的结果对比，得出各区域的规模报酬状况。

（1）总体变动趋势。2006—2018年，我国工业整体技术效率及其分解出的纯技术效率和规模效率的时间变动趋势为：我国工业整体规模效率（TE）变动不大，有小幅度的上升趋势，从2006年的0.945上涨到2018年的0.999。纯技术效率（PTE）和技术效率（SE）变动趋势几乎一致，有大幅度的波动起伏情况，这充分说明我国整体工业技术效率问题主要受纯技术效率的影响。纯技术效率是企业受管理和技术等因素影响的生产效率，其提高主要依靠工业企业管理水平和技术水平的提高。

（2）我国工业总体纯技术效率处于中等水平，达到最优比例的77%，与前面我国工业技术效率的整体情况类似。各年只有极少数省份纯技术效率在前沿面上（广东省除2013年，上海市除2008年、2016年，内蒙古自治区除2009年，宁夏回族自治区除2015年、2018年，广西壮族自治区除2008年、2011年、2017年、2018年，海南省除2012年、2014年、2015年，青海省除2015年、2018年，河南省除2009年、2012年、2017年等）。某些经济发达地区技术效率虽然相对高些，但是纯技术效率不一定高于经济落后地区，原因在于我们研究的效率值是一个相对值，虽然沿海发达省份技术水平比较先进，但是这些省份不一定能够充分利用这些先进技术达到与此相对应的高潜在产出水平，导致部分生产活动的无效率比例提升。西部工业稍微落后的省份如果充分利用了自身拥有的技术水平，就可以获得与自身技术水平相对应的比较低的潜在产出水平。从这里就可以看出，经济发展水平与纯技术效率水平并没有直接的因果关系。

（3）从图6-2可以看出全国和东、中、西部地区纯技术效率的变动趋势。从它与技术效率的趋势图比较中可以看出，纯技术效率的波动幅度比技术效率的波动幅度更大一些，特别是西部地区的波动状况。另外，东部、中部和西部地区的差距比技术效率图中更小了，特别是中部和西部地区，个别年份西部地区纯技术效率已经接近甚至超过中部地区，这说明中部地区和西部地区工业企业管理能力和技术水平相差不大。中部地区出现的中部塌陷现象相对比较严重，这充分表明《关于促进中部地区崛起的若干意见》实施的迫切性和重要性。

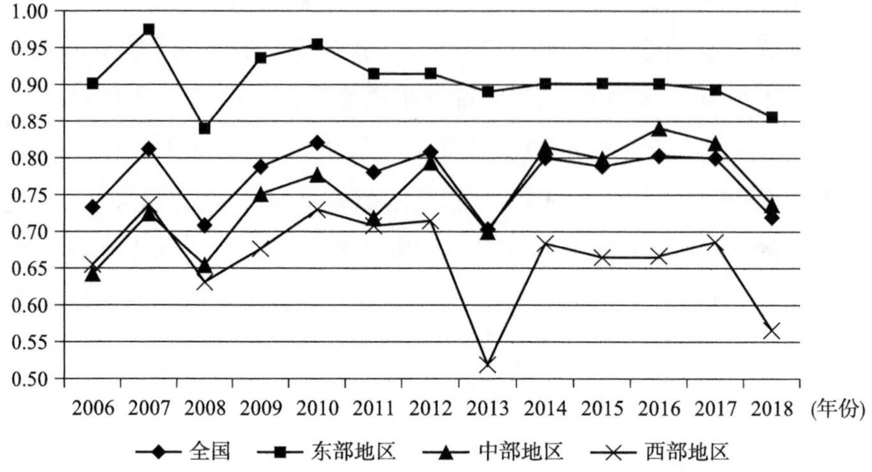

图 6-2　2006—2018 年分区域纯技术效率变动趋势

3. 2006—2018 年我国区域工业规模效率分析

图 6-3 显示了 2006—2018 年我国整体以及东部、中部和西部地区规模效率的变动趋势。

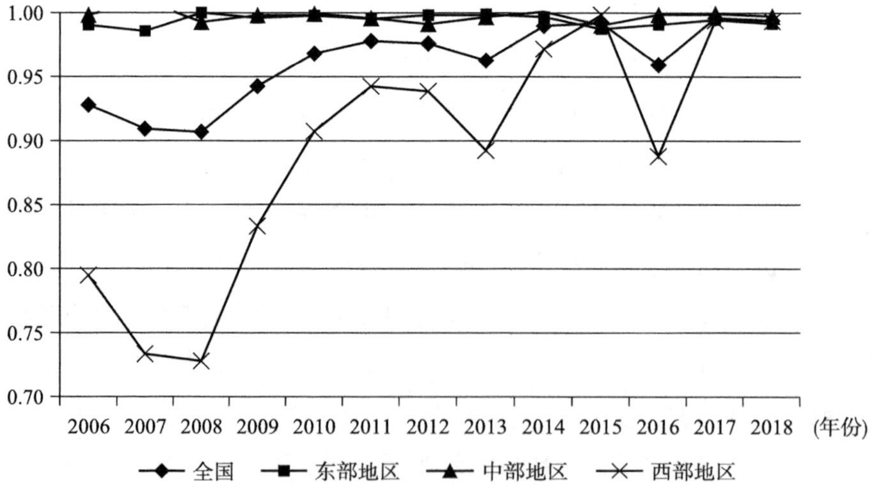

图 6-3　2006—2018 年分区域规模效率变动趋势

（1）从整体上来看，我国工业规模效率处于一个比较高的水平（全国均值整体趋势都在0.9以上），规模效率能够说明我国工业企业的生产规模是否靠近最优生产规模。因此，图6-3充分说明了我国整体上工业企业规模没有太小，处于规模报酬递增（IRS）区域，可以通过扩大企业的规模增加效益；规模也没有过大以至于处于规模报酬递减（DRS）区域，必须缩小运作规模来获得效率改进。整体上，工业企业是规模相对有效的。

（2）东部地区和中部地区的规模效率大小及其趋势基本相同，都保持在0.95的高水平上，并且在评价区间内波动较小。东部地区和中部地区经过改革开放以来的快速发展，工业企业规模到2006年已经达到比较高的水平，如果继续扩张可能会因规模过大、负担过重导致效率低下。因此，研究结果充分证明了东部地区和中部地区在2006年之后企业规模没有扩张，企业集中精力投入到效率改进和技术提高上。

（3）2006—2018年西部地区规模效率增长迅速，存在比较大的波动趋势。从21世纪初我国提出西部大开发战略后，国家对西部地区的投资力度加大，工业产业不断从东中部地区往西部地区转移，西部地区的工业企业数量不断增加，规模也不断扩大，不断利用规模报酬递增来提高工业整体效率。到2010年，西部大开发实施10年后，西部地区的工业规模效率已经达到0.9以上，并随着西部大开发战略的继续实施和产业转移步伐的加快进一步扩大规模，规模效率在2015年、2017年、2018年一度超过0.99，基本处于最佳规模。

仅根据规模效率值并不能看出我国工业企业处于规模收益上升区域还是规模报酬下降区域。因此，进一步考察2006—2018年我国区域工业规模报酬的变动情况。规模无效的性质（递增或递减的规模收益）能够通过测度非递增规模报酬（NIRS）下的技术效率和VRS下的技术效率是否相等来确定。如果两者不相等，该决策单元就处于递增的规模报酬区间；如果两者相等，那么该决策单元存在规模报酬递减状况。根据该方法进一步测算了我国各区域工业生产活动所处的规模收益变动路径。考虑到篇幅所限，表6-3给出了各省份2006年、2010年和2018年的规模报酬状况。

表 6-3　各省份个别年份规模报酬变动状况

省份	2006 年	2010 年	2018 年	省份	2006 年	2010 年	2018 年
北京市	DRS	CRS	CRS	河南省	IRS	DRS	DRS
天津市	DRS	DRS	DRS	湖北省	IRS	IRS	DRS
河北省	DRS	DRS	DRS	湖南省	IRS	DRS	IRS
山西省	IRS	IRS	DRS	广东省	DRS	CRS	CRS
内蒙古自治区	IRS	IRS	IRS	广西壮族自治区	IRS	IRS	IRS
辽宁省	IRS	DRS	IRS	海南省	IRS	IRS	IRS
吉林省	IRS	IRS	IRS	重庆市	IRS	IRS	IRS
黑龙江省	IRS	IRS	IRS	四川省	IRS	IRS	IRS
上海市	CRS	CRS	CRS	贵州省	IRS	IRS	IRS
江苏省	DRS	DRS	DRS	云南省	IRS	IRS	IRS
浙江省	DRS	DRS	DRS	陕西省	IRS	IRS	IRS
安徽省	IRS	IRS	IRS	甘肃省	IRS	IRS	IRS
福建省	DRS	DRS	DRS	青海省	IRS	IRS	IRS
江西省	IRS	IRS	DRS	宁夏回族自治区	IRS	IRS	IRS
山东省	DRS	DRS	DRS	新疆维吾尔自治区	IRS	IRS	IRS

从表 6-3 中可以看出，在研究区间内上海市全部处于规模报酬不变区域，北京市和广东省 2018 年、2010 年处于规模报酬不变区域。除此之外，其他省份都存在一些规模无效。

在整个研究区间内，各区域规模报酬的变动路径也存在不同。东部省份天津市、河北省、江苏省、浙江省、福建省、山东省在研究区间内都处于规模报酬递减区域。内蒙古自治区、吉林省、黑龙江省、安徽省、湖北省、广西壮族自治区、海南省、重庆市、四川省、贵州省、云南省、陕西省、甘肃省、青海省、宁夏回族自治区和新疆维吾尔自治区在研究区间内都处于规模报酬递增区域。还有个别省份如辽宁省、江西省、河南省在研究区间内规模报酬一直处于变动状态。从这些计算结果可以看出，我国大多数东部省份规模已经达到临界点，不再需要扩大投资，而应通过调整投入结构、改变粗放型的发展模式、提高集约化发展水平来发展工业。规模报酬递减的现实说明我国中部一些省份已经无法通过扩大规模来提高效率，只能通过提高技术和管理水平来促进效率的提升，尤其是要提高纯技术效率，否则可能无法扭转中部塌陷现象。

4. 超效率分析及以上各种效率值的比较

从规模效率的计算结果可以看出，我国各地区特别是东部和中部地区规模效率差异不大，但纯技术效率存在很大差异，纯技术效率是导致我国工业技术效率不断恶化的主要原因。通过进一步分析各省份各年份纯技术效率的评价值可以看出，各年份纯技术效率值等于 1 的省份不止一个，为了进一步区分这些技术有效地区的效率状况，就需要运用前文提到的超效率分析。下面首先运用 SBM 超效率评价模型（S-SBM）计算 2018 年各省份工业纯技术效率值，并与前面 SBM 模型、BCC 模型得到的结果进行比较（见表 6-4）。

表 6-4　2018 年各省份 BCC、SBM 和 S-SBM 模型的纯技术效率值比较

省份	BCC	SBM	S-SBM	省份	BCC	SBM	S-SBM
北京市	1.000	0.953	0.953	河南省	1.000	1.000	1.059
天津市	1.000	0.822	0.822	湖北省	0.746	0.658	0.658
河北省	1.000	1.000	1.239	湖南省	0.801	0.727	0.727
山西省	0.979	0.960	0.960	广东省	1.000	1.000	1.996
内蒙古自治区	0.659	0.456	0.456	广西壮族自治区	0.486	0.311	0.311
辽宁省	0.570	0.293	0.293	海南省	0.421	0.265	0.265
吉林省	0.635	0.548	0.548	重庆市	0.901	0.822	0.822
黑龙江省	0.790	0.510	0.510	四川省	0.932	0.896	0.896
上海市	1.000	1.000	2.035	贵州省	0.370	0.284	0.284
江苏省	1.000	1.000	1.785	云南省	0.746	0.655	0.655
浙江省	1.000	1.000	1.546	陕西省	0.796	0.617	0.617
安徽省	1.000	1.000	1.012	甘肃省	0.856	0.688	0.688
福建省	1.000	1.000	1.259	青海省	0.719	0.603	0.603
江西省	0.875	0.754	0.754	宁夏回族自治区	0.545	0.301	0.303
山东省	1.000	1.000	1.986	新疆维吾尔自治区	0.636	0.443	0.443

从表 6-4 三列数据的比较中可以看出，S-SBM 模型所得结果更准确，

并且能够对所有的决策单元进行有效的区分。原因在于：第一，SBM 模型和 S-SBM 模型把松弛投入和松弛产出这些无效率因素也考虑在内，由此这两个模型得到的效率值均低于 BCC 模型，因此结果更精确一些。第二，从表中还可以看出，对于 DEA 技术无效的决策单元（评价值小于 1），SBM 模型和 S-SBM 模型得到的决策单元效率值完全相同；对于 DEA 技术有效的决策单元（评价值大于等于 1）存在很大的差别。SBM 模型中得到的所有技术有效单元评价值都为 1，难以继续区分。S-SBM 模型得到的结果继续对技术有效单元进行了区分。在 SBM 模型中，河北省、上海市、江苏省、浙江省、安徽省、福建省、山东省、河南省、广东省共 9 个省份的效率评价值都等于 1，无法继续对这 9 个省份进行效率的区分。但是 S-SBM 模型中，这 9 个省份的效率值都超过 1，并且不相等，可以继续比较和区分，可见 S-SBM模型能够更有效地区分 SBM 模型中均为技术有效的决策单元，具备更强的区分能力。

三、我国工业技术效率变动和技术进步

上一节我们主要从静态方面比较不同区域工业技术效率的差异，而衡量工业绩效和发展动态的更重要的标准是生产率，生产率更强调增长或变化。第四章详细介绍了生产率指数中最常用的全要素生产率（TFP）的测算方法。TFP 全面考察各种生产要素对产出增长的综合作用，可以更全面地反映一个行业的生产率状况，是衡量产业经济效益提高和增长质量的综合性指标。尤其是对全要素生产率的增长可以分解出技术效率变化、技术进步、要素配置效率的提高以及规模经济性四个具有经济意义的因素，从而可以进一步测度各个因素对生产率增长的贡献。为了动态衡量我国工业效率的变动问题，我们把非径向、非角度的 SBM 超效率 DEA 模型和 Malmquist 生产率指数法结合起来，构建了我国区域工业技术效率和技术进步的动态评价模型。

我们采用 2006—2018 年我国 30 个省份工业的投入产出面板数据，基

于 SBM 超效率模型和 Malmquist 生产率指数方法，计算得出我国工业全要素生产率增长状况，并将其进一步分解为技术效率变动、纯技术效率变动、规模效率变动及技术进步状况。表 6-5 列出了我国工业整体（各省均值）TFP 指数及技术效率变动和技术进步情况。

表 6-5　2006—2018 年我国工业整体技术效率变动和技术进步情况

年份	技术效率变化指数	纯技术效率变化指数	规模效率变化指数	技术进步指数	全要素生产率指数
2007/2006	1.008623	0.998654	1.009983	1.047854	1.056890
2008/2007	0.970663	0.989862	0.980604	1.015410	0.985621
2009/2008	0.997788	0.999855	0.997933	1.004783	1.002560
2010/2009	0.995194	0.945621	1.052424	1.009632	1.004780
2011/2010	1.010321	1.007845	1.002457	1.074587	1.085678
2012/2011	1.007967	1.005213	1.002740	1.070021	1.078546
2013/2012	1.021594	1.001478	1.020086	1.121458	1.145675
2014/2013	1.002696	1.008956	0.993796	1.120457	1.123478
2015/2014	1.011826	1.012450	0.999383	1.089654	1.102540
2016/2015	1.002373	1.014780	0.987774	1.097852	1.100457
2017/2016	1.015661	1.014780	1.000868	1.087546	1.104578
2018/2017	1.009145	1.010026	0.999128	1.097856	1.107896
全国均值	1.004488	1.000793	1.003931	1.069759	1.074892

从表 6-5 中最后一行全国均值来看，技术进步年平均增长率接近 7%，基本保持相对较高的增长趋势；技术效率年平均增长缓慢，只有 0.4%，个别年份出现下降趋势。可以说，我国工业全要素生产率的增长绝大部分是技术进步导致的，这与大多数文献中的研究结果一致。纯技术效率和规模效率的年均增长趋势缓慢，都低于技术进步的贡献率。纯技术效率代表每一个决策单元利用现有投入生产相应产出的能力，它在一定程度上可以表示生产及决策的正确与否。我国工业整体纯技术年均增长率为 0.079%，稍有上升，纯技术效率水平也在改进中。规模效率年均增长率稍高于纯技术效率，为 0.393%。我国工业产业梯度转移，使得东

部省份工业规模不再继续扩大，西部地区也进入规模报酬递增阶段，规模效率不断增长。

从图 6-4 可以更直观地看出我国工业全要素生产率（TFP）及其分解效率的变动状况。2006—2018 年，工业全要素生产率的变动主要受技术变化影响，技术变化率（TC）基本决定了我国工业全要素生产率的增长趋势。技术效率（TEC）变化比较缓慢平稳，波动较小，虽有改善，但是改善幅度较小。波动趋势方面，2006—2009 年，工业全要素生产率、技术进步和技术效率都有一定程度的下降，这与当时全球的经济形势有关，我国作为制造大国，必然受到全球经济危机的影响。2010—2013 年，我国工业全要素生产率快速上涨，该时期生产率的提高主要来自技术进步。随后 2013—2018 年，工业全要素生产率增长趋缓，保持在年均 10%左右，与我国整体经济增长基本保持同步。这些分析都充分说明，整个研究期间，我国整体工业全要素生产率的变动由技术水平的变化主导。

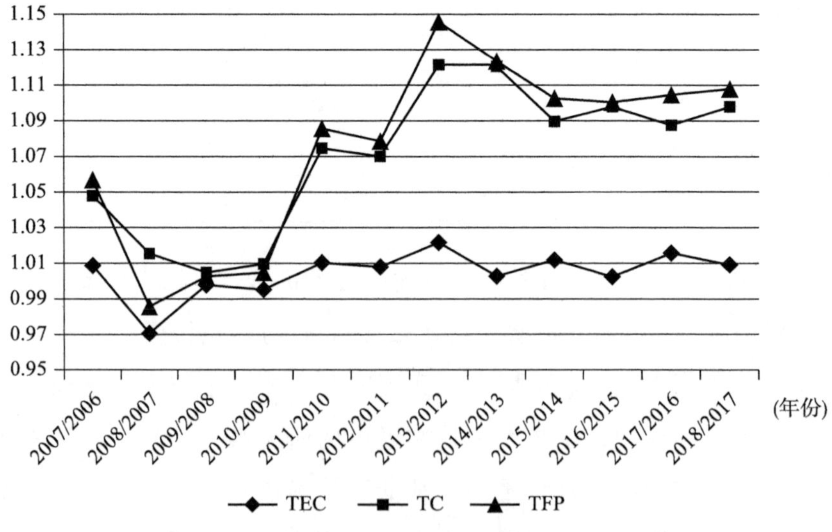

图 6-4　2006—2018 年我国工业全要素生产率及其分解效率的变动趋势

虽然前面的分析都表明，技术进步是我国工业全要素生产率增长的主要源泉，但技术效率的作用也不能忽视。图 6-5 进一步表明技术效率和技术进步对工业全要素生产率的贡献。在技术效率下降时期，技术进步弥补了效率下降对生产率产生的下滑影响，使得工业全要素生产率仍然保持增长趋势。在技术效率和技术进步都增长的年份，技术进步支撑着全要素生产率的增长，效率的改进也对全要素生产率的增长发挥了不容忽视的作用，但是效率改善作为我国工业全要素生产率增长的源泉尚未被完全挖掘，各地区的工业企业通过不断相互借鉴、吸收已有技术，在生产投资中边干边学，不断积累掌握生产诀窍，挖掘效率改进的源泉，通过改善效率来促进我国工业全要素生产率的持续增长。

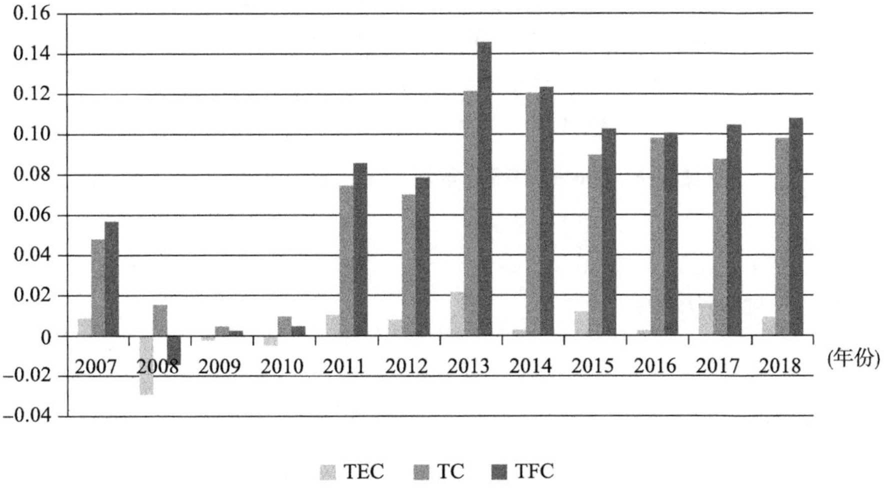

图 6-5　2007—2018 年技术效率和技术进步对工业全要素生产率的贡献率

图 6-6 描述了 2006—2018 年我国工业整体累积全要素生产率（累积 TFP）、累积技术进步率（累积 TFC）和累积技术效率（累积 TC）改进的变化趋势。2006—2018 年累积技术效率经历了先降后升的过程，2010 年之前累积技术效率逐年下降，之后开始逐步上升，到 2013 年累积技术效率才开始有所改进。

2006—2018 年累积技术进步率和累积全要素生产率基本都在增加，13 年间分别累计增加了 0.83 和 0.89。可以看出我国工业经过这 13 年的发展，生产率和技术进步率都增加了接近一倍。

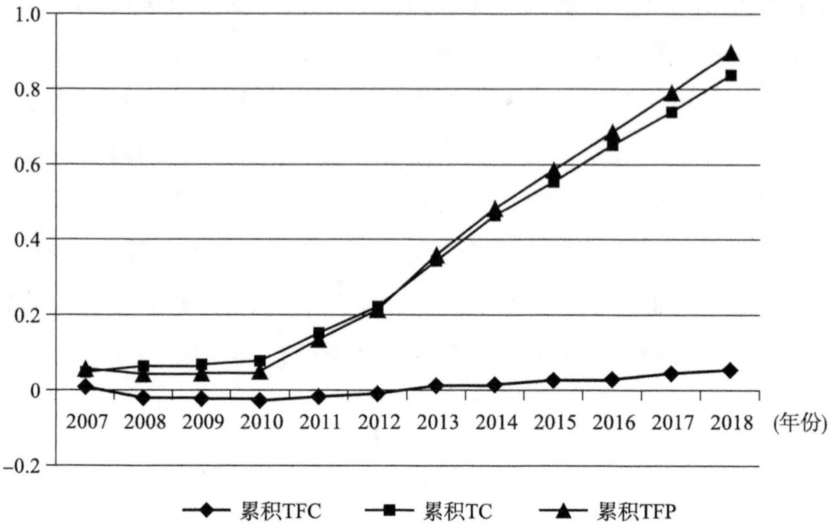

图 6-6 2006—2018 年累积 TFC、TC、TFP 趋势

四、本章小结

本章针对传统 DEA 模型的缺陷，构建了基于非径向—非角度的 SBM 超效率模型，对 2006—2018 年我国区域工业技术效率进行了评价，同时从不同视角对我国工业效率进行了分析。主要得到以下启示：中国各省份工业粗放式增长模式已经达到一个临界状态，资本过度深化偏离了我国劳动力要素的天然比较优势。扩大投资和利用人口红利已经不是提高我国工业技术效率的有效选择，迫切需要通过技术创新和改进来提高工业技术水平。

本章在研究区域工业效率的时候只考虑了劳动和资本两种投入，没有考虑能源这一工业消耗最大的资源。在产出上只考虑了工业产值这一期望产出，但是工业生产特别是能源使用造成的环境污染被忽略。因此得到的评价结果不太准确，为此在下面的章节中，我们把能源和环境因素加入效率评价模型中，以便更精确地测算我国工业考虑能源和环境因素之后的效率问题。

第七章

基于方向距离函数的我国工业环境效率评价分析

传统的生产效率衡量方法一般都只考虑期望产出，尽管非期望产出也是一个很重要的因素，研究人员在进行研究时都有想到，但是由于非期望产出一般都是一些非市场性的东西，如废水、废气、废物等，它们的价格或者说影子价格不可知，因此这些非期望产出或者说负产出都被忽略了。DEA 作为一种非参数效率法，在计算评价单位的效率时不需要各种投入和产出的价格，但它衡量的效率值是投入一定时产出可以增加的比例或者产出一定时投入减少的比例，因此在同时考虑非期望产出时无法应用。这种忽略导致了传统的效率衡量方法存在一定的偏差，可能会高估评价单位的效率。

一、基于方向距离函数的我国工业环境效率评价模型

为了更精确地衡量评价单位的效率，学者们在考虑非期望产出的效率时，对这些方法做了各种改进。根据他们对非期望产出的可处置性的规定，可以分为四类。第一类是投入处理法，即将非期望产出作为要素投入来考虑，出发点是因为非期望产出的减少会使用于增加期望产出的投入同步减少。如 Rheinhard 等用这种投入处理法的 DEA 模型分析了荷兰牛奶场的环境效率。Hailu 和 Veeman 也采用该种方法分析了加拿大造纸工业的环境绩效。这种方法存在的问题是分不清楚哪些投入用于期望产出的增加，哪些投入用于非期望产出的减少，并且由于污染物和资源投入并不能保持

一定的同比例关系，这种效率评价方法不能反映实际的生产过程。第二种方法是产出处理法，即对非期望产出值通过函数 $f(b) = v-b$（v 是一个足够大的向量，用以保证转化后的非期望产出变为正数）进行平移。通过这种变换，将越小越好的非期望产出变为越大越好。第三种方法是假设给定非期望产出，用期望产出的实际产量和最大产量之比衡量效率，即期望产出增加而非期望产出保持不变。第四种方法即为 Y. H. Chung 等提出的方向性距离函数和 Malmquist-Luenberger 指数法。该方法同时衡量了期望产出与最大期望产出的差距以及非期望产出与最小非期望产出的差距，因此可以按照决策者的意愿设定效率改进的方向，具有很大的实用性。Baris K.（2005）运用基于方向距离函数的 Malmquist-Luenberger 指数法衡量了 OECD 国家考虑污染的生产力增长状况。胡鞍钢等（2008）运用方向距离函数法对考虑环境因素下的省级技术效率进行了重新排名。杨俊、邵汉华（2009）运用 Malmquist-Luenberger 指数法对环境约束下的省级工业增长状况进行了分析。

本章对我国考虑能源和环境因素的区域工业效率进行了研究，在静态方面，通过考虑环境因素的方向距离效率和不考虑环境因素的一般距离函数的比较，得出了各区域的环境绩效；在动态方面，通过考虑环境因素的 Malmquist-Luenberger 指数与不考虑环境因素的 Malmquist 指数的比较，得到了环境绩效指数；并对区域之间以及不同年份之间考虑环境因素的效率和不考虑环境因素的效率进行了比较。

二、投入产出指标的选择及其数据处理

本章选择了我国 31 个省级区域作为决策单元（DMU），研究期为 2006—2018 年，投入、产出指标基础数据来源于历年《中国统计年鉴》，具体处理过程如下。

（一）投入指标处理

选取各省级工业固定资产净值年平均余额、年均从业人员数量以及能

源消耗作为投入指标，其中固定资产净值年平均余额参照 Jefferson 等的做法进行了如下折算：

$$K_t = K_{t_0} + \sum_{t_0+1}^{t} \Delta k_t / P_t$$

其中，K_{t_0}为 2006 年的工业固定资产净值年平均余额，Δk_t 为第 t 年固定资产净值增加值，它是相邻两年固定资产净值年平均余额之差，P_t 为第 t 年的固定资产投资指数。

（二）产出指标处理

本书在期望产出方面选取各省工业总产值，并根据工业品出厂价格指数将当年价的工业总产值折算为 2006 年的不变价。

国内外相关研究在非期望产出上大都选取了 SO_2或者 CO_2排放量，由于工业企业在生产过程中产生的废气含有很多有害气体，因此本书选取废气排放量作为非期望产出指标。

三、我国工业环境效率静态分析

从我国各省份考虑环境因素以及不考虑环境因素的效率及其排名，可以看出：

（1）从年度均值来看，能源、环境与经济发展协调最好的省份是上海市、北京市和海南省，其 ETE 的年度均值为 1，说明 2006—2018 年这三个省份的 ETE 都处于生产前沿面上。东部三个板块的 ETE 均值都高于其他区域，其中东部沿海在板块中最高。ETE 最低的区域是东北板块和长江中游地区。东北地区是我国的老工业基地，在国家振兴东北老工业基地的号召下，其重工业的发展对环境造成了破坏；长江中游地区是我国轻工业比较发达的地区，污染排放也比较多。从考虑环境约束和不考虑环境约束的比较来看，排名变化最大的是内蒙古自治区、广西壮族自治区和西藏自治区，其在加入环境约束后排名分别增加了 17 名、17 名和 21 名，这三个省份在经济发展过程中，能源节约和污染治理卓有成效。而吉林、四川两个省份在考虑环境约束后，排名分别下降了 12 名、9 名，这两个省份工业经济的发展对能源环境造成了比较大的压力。

（2）从 2018 年的数据来看，金融危机后，在国家实行的保增长、保就业、扩内需政策下，对环境的保护较之前出现了放松，在污染减排工作上出现了松懈，因此 ETE 较中间年份稍有下降。根据该年份考虑环境约束和不考虑环境约束的效率结果，可以把 31 个省份分为 5 类，如表 7-1 所示。

表 7-1 区域经济与环境协调发展分类状况

分类	分类标准	满足条件的省份
经济与环境高度协调的地区	TE = 1 ETE = 1	上海市、北京市、海南省
经济与环境较协调的地区	TE>0. 8 ETE>0. 9	广东省、天津市、山东省、江苏省、浙江省、福建省
经济与环境较不协调的地区	TE>0. 6 ETE>0. 9	河北省、云南省、河南省、湖南省、辽宁省、吉林省、重庆市、四川省
经济与环境不协调的地区	TE>0. 45 ETE>0. 8	安徽省、湖北省、江西省、广西壮族自治区、青海省、内蒙古自治区
经济与环境极不协调的地区	TE<0. 45 或者 ETE<0. 7	山西省、黑龙江省、贵州省、西藏自治区、陕西省、甘肃省、宁夏回族自治区、新疆维吾尔自治区

资料来源：笔者计算整理。

可见，经济与环境高度协调的仅有上海市、北京市和天津市，它们都是我国东部沿海经济比较发达的地区。东部其他省份也基本位于经济与环境较协调的地区，而经济发展不协调和极不协调的地区大部分在西部。可见西部与沿海地区的差距，不仅表现为产出的效率低，其能源环境压力也不容小觑。在经济发展极不协调的 8 个省份中，贵州省、西藏自治区、陕西省、甘肃省、宁夏回族自治区和新疆维吾尔自治区 6 个省份主要是由于经济不发达，不考虑环境约束时的效率比较低，相反在考虑环境约束后，排名都有所进步；而其他的两个省份山西和黑龙江，在不考虑环境约束时效率比较靠前，考虑环境约束后，排名退步很大，这两个省份的工业经济发展态势尚好，但在发展的过程中污染物排放较多。

（3）从 2006 年与 2018 年的数据比较来看，随着国家对环境保护的日渐重视，2018 年的环境效率较 2006 年有了很大的进步，北京市、河北省、内蒙古自治区、海南省、西藏自治区、广西壮族自治区进步明显，2006年其环境效率距离前沿面尚存在一定的距离，而2018年这几个省份都已位于生产前沿面。这里需要指出的是DEA方法计算的是相对指标，一个DMU处于生产前沿上并不意味着其环境效率没有改善的空间、工业生产过程已经达到了令人满意的资源节约和环境保护水平，只是相对其他省份来说其ETE较高而已。应该看到，我国在生产技术和污染治理方面与发达国家相比还存在差距，因此，包括这些处于前沿面的省份在内的所有区域都要继续加强资源环境管制力度，使得生产企业能够进一步提高技术，减少污染排放。

四、我国工业环境效率的动态分析

（一）M指数和ML指数的区域比较

从表7-2可以看出，东部板块不受环境约束的M指数和考虑环境因素的ML指数增速都高于其他板块，2006—2018年北部沿海、东部沿海和南部沿海区域不考虑环境因素的TFP平均增速分别为23.7%、10.9%、19.8%，技术进步是快速增长的主要原因。在考虑到经济增长排放的负产出时，东部三个板块的ML指数仅为4.4%、3.5%、1.8%，可以看出在衡量工业全要素生产率时，不考虑环境因素会导致对生产率增长的估计过高，分别过高估计了11.1%、4.5%、17%，占到了不考虑环境因素的TFP指数的72%、56%、90%。南部沿海过高估计得最多，这说明南部沿海虽然工业经济增长比较快，但是在发展经济的同时，对环境的污染也最大，负产出最多。

中部的两个板块黄河中游和长江中游地区在不考虑环境因素时TFP平均增速也很高，黄河中游地区的M指数高达17.2%，仅次于南部沿海板块。长江中游的M指数也有19.4%，超过了东部沿海地区。这说明中部地区的工业经济发展态势较好，原因在于近几年，东部的土地、劳动力等生产要素价格上涨导致部分产业转移到中部生产要素相对低廉的地区。当考虑到环境约束时，中部两个板块的 ML 指数分别为 5.4%、4.1%，不考虑环境约束的 M 指数分别过高估计了 69%、67%，中部地区在承接东部产业转移的同时也承接了其经济发展对环境的污染。

东北三省不考虑环境约束的 TFP 平均增速也达到 10.7%，东北三省作为我国的老工业基地工业增长态势不错。其考虑负产出的 ML 指数平均为 6.2%，不考虑环境约束的 M 指数也过高估计了 42%。

西部的大西南和大西北两个板块不考虑环境约束的 M 指数分别为 8.9%、13.6%，国家的西部大开发政策使得西部工业经济快速发展，但同时也对环境造成了很大的破坏，考虑负产出的 ML 指数仅为 3%、5.7%，M 指数过高地估计了 66%、58%。

表 7-2 2006—2018 年区域全要素生产率年均增长率及其分解

区域	不考虑能源环境约束			考虑能源环境约束		
	MEFFCH	MTECH	M	MLEFFCH	MLTECH	ML
北部沿海	1.012	1.716	1.237	1.008	1.035	1.044
东部沿海	0.981	1.147	1.109	0.994	1.041	1.035
南部沿海	1.026	1.186	1.198	1.014	1.004	1.018
黄河中游	1.020	1.146	1.194	1.001	1.053	1.054
长江中游	1.001	1.122	1.124	1.004	1.037	1.041
东北地区	0.992	1.115	1.107	1.006	1.056	1.062
大西南	1.007	1.080	1.089	0.996	1.034	1.03
大西北	0.999	1.134	1.136	0.990	1.069	1.057

注：其中，MEFFCH、MLEFFCH、MTECH、MLTECH、M、ML 分别为考虑和不考虑能源环境约束的效率进步、技术进步和全要素生产率。

资料来源：笔者计算整理。

（二）ML 指数的分解

从表 7-2 中可以看到，我国全要素生产率的增长很大一部分是由技术进步带动的，在 ML 指数的分解中，东部三个板块的技术进步率分别为

3.5%、4.1%、0.4%，解释了79.5%、117%、22.2%的全要素生产率增长。其中，东部沿海投入产出效率出现了下降，年均下降0.6%，这可能是由于投资驱动的经济增长导致大量投入的拥挤，造成部分投入浪费。中部的黄河中游和长江中游地区在考虑环境约束后平均技术进步率为5.3%和3.7%，分别解释了全要素生产率增长的98%、90%，技术进步对中部两个板块的全要素生产率贡献最大。东北地区技术进步也解释了ML指数的90%。西部的大西南和大西北投入产出效率都出现了下降，年均下降分别达0.4%、1%，但由于技术进步，其全要素生产率出现了增长，技术进步解释了其ML指数的113%、121%。

（三）ML指数的动态变动

第一，2001—2009年我国考虑环境约束的全要素生产率不断增长，表现为ML指数基本都在1以上。增速最高的是2013—2014年的东部和中部地区，这两个地区该时间段的全要素生产率增长几乎达到了15%。第二，多年来我国环境约束的TFP增长率波动较大，四个板块除了个别年份外，变动趋势也基本保持一致，这表明我国工业经济的增长在一定程度上受到国家宏观经济状况和政策的影响。中部和西部地区的变动趋势最类似，其增长幅度变动除了2005—2006年外，基本保持一致。第三，2014年以前的ML指数增速明显超过了2014年之后的几年，ML指数大幅下降与2014年之后SO_2排放的显著增长有关。2015年我国的SO_2排放量大幅增加，全国平均增长率超过16%，负产出的大幅增加导致考虑环境约束的TFP指数明显下降。2015年之后，国家对环境保护的逐渐重视，环境污染物排放出现减少的趋势，因此ML指数增幅逐渐加大，但2017—2018年年增幅又出现了下降，这可能是受国际金融危机的影响，经济增长及其质量都出现了下滑。

五、本章小结

工业一方面是创造人类财富的支柱产业，另一方面也是给人类环境带来严峻污染的潜在杀手。本章通过引入方向性距离函数，对我国区域工业在考虑非期望产出时的效率进行了评价，从研究结果可以看出：

（1）非期望产出的存在降低了我国工业的投入产出效率。环境污染对我国工业经济的增长造成了很大损失，不含工业废气时的全要素生产率指数因为工业废气产出的引入而下降。因此可以说，我国的工业经济效率和环境效率具有很大的不一致性，不考虑非期望产出的结果过高地估计了我国区域工业的全要素生产率。

（2）从区域比较的结果来看，东部地区工业不仅在技术和投入产出效率方面领先于中西部地区，在污染治理方面也领先于中西部地区，因此中西部地区不仅要引进东部地区的技术，也要引进东部地区治理污染的政策和体制，使得中西部地区能在工业不断发展的同时改善环境。

（3）从年份变化来看，随着国家对能源环境问题的日益重视，新能源和循环经济发展卓有成效，表现为考虑能源环境约束的全要素生产率不断增长。因此应继续大力发展先进制造业和高新技术产业，真正把我国建设成为资源节约型、环境友好型社会，真正解决环境和经济发展存在的矛盾。

第八章

我国区域工业效率和环境效率的收敛性分析

从前面章节的实证分析结果可知，我国各省份工业技术效率和环境效率差异较大，这种差异在时间趋势上演变规律如何？随着时间推移是否会出现收敛趋势？若不存在收敛趋势，说明各省份的工业技术效率和环境效率的差异有不断扩大的可能，为避免区域之间工业技术发展和环境发展出现两极分化的情形，必须采取规制手段加以调控，实现工业技术水平和环境效率的均衡发展。

一、我国区域工业环境效率的收敛假说

根据经济增长理论，随着工业生产规模的不断扩大，工业对能源的消耗和对环境的污染也会不断加大，但微观、中观和宏观层面的收敛效应因素也会导致省际环境效率差异不断缩小，最终实现不同区域环境效率的收敛。

（一）微观层面的收敛效应因素

从微观层面来说，企业作为理性经济人，在环境规制和资源约束下，会趋向于使用更为清洁的技术开展生产活动。随着发展，企业将会承担更多的社会责任，从而减少污染排放。从消费者的角度来看，作为理性的消费者，在选择产品的时候，也会更加关注环保型产品，如近些年节能型汽车和电动汽车逐渐受到消费者的青睐，在电器产品选择中，更低能耗的电器也越来越受欢迎。消费者对环境问题的关注和重视，反过来也会对企业

生产更环保的产品产生正向影响。

（二）中观层面的收敛效应因素

中观层面的收敛因素主要表现在结构收敛机制上。在区域发展过程中，产业结构和能源结构也在不断发生变化，产业结构的演进规律是从“一二三”转变为“二一三”，最后为“三二一”的形态。第三产业的能源消耗相对最低，污染物排放最少。产业结构收敛到“三二一”形态时，各区域的环境效率均会有所提升。同时，随着能源结构的不断升级，工业的发展将会从依赖化石能源转向新能源，可再生的新能源最终会取代不可再生的化石能源，这种进化最终也会提高环境效率。

（三）宏观层面的收敛效应因素

宏观层面的收敛效应主要体现在政府行为的收敛机制上。一方面，我国现在是世界第二大经济体，在国际社会中也需要承担更多的环境责任，对各地方政府的政绩考核，也不单单是 GDP 绩效，区域环境质量也是很重要的一项指标。由此，从中央政府到各地方政府，对环境保护的干预手段会不断加强，这对企业的污染排放和公众的消费选择都会产生重要影响，最终规范企业和消费者的环保行为，提升政府的环境管理能力。另一方面，随着经济的不断发展，政府将在清洁生产技术等领域投入更多资金，环境治理投资的力度也将不断增强，这些都会有效地减少工业污染物的排放，提升区域环境效率。

从上述三个层面的收敛效应因素可以看出，我国区域工业环境效率差异的趋势上升后最终会逐步下降，理论上最终会出现收敛的情况。

二、我国区域工业环境效率收敛的检验方法选择

新古典经济学增长理论的收敛假说认为，环境效率的最终收敛可以理解为，初始环境效率较低的区域环境效率的增长速度高于初始环境效率较

高的区域，因此随着时间的推移，最终将实现收敛。目前关于环境效率收敛的研究方法来源于其他领域中广泛应用的四个经典收敛检验模型：σ 收敛、绝对 β 收敛、条件 β 收敛和随机收敛。

（一）σ收敛

σ 收敛主要用于分析各个样本分布的离散程度，若其离散程度随着时间推移不断变小，则说明不同样本间存在 σ 收敛，若其离散程度随着时间推移逐渐增大，则说明不同样本间存在 σ 发散。σ 收敛一般用离散系数 CV 表示：

$$CV = \frac{1}{\bar{y}}\sqrt{\frac{1}{N}\sum_{i=1}^{N}(y_i - \bar{y})^2}$$

其中，y_i 为第 i 个省份的环境效率值，$\bar{y}$ 为各地区环境效率的均值，N 为评价区域的个数。

（二）绝对β收敛

绝对 β 收敛指研究样本数据的属性特征和增长路径完全一致。不同样本间的变化不断缩小，最终达到收敛的状态。样本的绝对收敛可以用下式表示：

$$\frac{1}{T}[\log(y_{i,t+T})-\log(y_{i,t})] = a-\frac{1-e^{-\beta T}}{T}\log(y_{i,t})+\varepsilon_{i,t}$$

其中，$y_{i,t}$表示第 i 个省份在第 t 期的环境效率值，参数 β 表示环境效率的收敛速度，如果$\beta>0$，表示不同省份环境效率水平的差异会随着时间的推移而减少，最终达到相同的均衡状态，即存在绝对 β 收敛。

（三）条件β收敛

条件 β 收敛不仅受到各样本区域初始条件的影响，还与样本区域的工业经济发展水平、能源结构等因素相关。因此，不同样本区域的发展趋势会朝着各自的稳态收敛。条件 β 收敛的状态取决于当前发展状态与稳态之间的距离，离稳态越近，收敛速度越慢；离稳态越远，收敛速度越快。条件β收敛表示各地区工业发展水平的增长速度与初始条件之间存在负相关性。区域环境效率的条件β收敛可以表示如下式：

$$\frac{1}{T}[\log(y_{i,t+T})-\log(y_{i,t})]=a-\frac{1-e^{-\beta T}}{T}\log(y_{i,t})+\lambda X_{i,t}+\varepsilon_{i,t}$$

其中，$y_{i,t}$表示第 i 个省份在第 t 期的环境效率值，$X_{i,t}$反映了样本间的差异。如果$\beta>0$，表示不同省份在考虑了差异后收敛于各自的稳定状态。

（四）随机收敛

随机收敛能够检验一个变量对另一个变量在长期内是否存在持续冲击效应，从而避免短期内可能存在的收敛与非收敛之间的状态。目前的随机收敛研究，大都采用 Carlino 和 Mill 所提出的单位根检验方法。根据检验结果，若存在单位根，则各省份的环境效率是发散的；若不存在单位根，表示各省份的环境效率是收敛的。随机收敛的公式如下：

对于任意 P（$P=1, 2, \cdots, n$）个区域的环境变量，若满足：

$$\lim_{k\to\infty}E(y_{1,t+K}-y_{p,t+K} \mid I_t)=0, \quad \forall p\neq 1$$

其中，I_t 为 t 时刻的信息集，若满足上式，则可认为这 P 个区域的环境效率存在随机收敛趋势。

从以上四种常用的检验方法可以看出，环境效率的绝对收敛指不同区域间的差距随着时间推移会逐渐下降；当环境效率增长速度趋于稳态时，条件收敛适用。随机收敛关注两个变量之间是否存在持续冲击的状态。这些收敛检验模型为研究我国各省份工业环境效率收敛性提供了参考，然而这些收敛模型都假设各省份具有相同的生产技术，这与我国区域工业发展的实际不符。由于我国省级区域在工业发展水平、资源禀赋、产业结构、环境规制等方面都存在较大差异，如果应用这些同质性生产技术条件下的收敛模型显然不太合适。

（五）PS 收敛模型

2007 年，Phillips 和 Sul 提出了非线性时变因子模型，简称 PS 模型。该收敛模型相比于传统的收敛模型，能够更好地辨识异质性条件下样本数据的收敛特征。PS 收敛模型的核心是 Log$t$ 检验，主要检验步骤如下：

假设存在省际环境效率的面板数据 X_{it}，$i=1, 2, \cdots, N$，$t=1, 2, \cdots, T$。N 和 T 分别代表样本区域数和样本的时期数（时间跨度）。X_{it}代表第 i 个省份第 t 年的环境效率。其中面板数据 X_{it}可以做进一步的分解：

$$X_{it}=g_{it}+\varepsilon_{it}$$

其中，g_{it}代表系统成分，即各地区的共有特征，ε_{it}为个体成分。g_{it}和ε_{it}的形式不受限制，可以是线性的、非线性的、平稳的或非平稳的。进一步分解上式可得：

$$X_{it}=\frac{g_{it}+\varepsilon_{it}}{u_t}u_t=\delta_{it}u_t$$

其中，u_t 为共同部分，δ_{it}为异质性部分。由此，可以将 X_{it}的收敛性问题转化为求解 δ_{it}是否收敛于常数 δ。为检验 δ_{it}是否收敛，Phillips 和 Sul 构建了一个过渡参数 h_{it}：

$$h_{it}=\frac{X_{it}}{\frac{1}{N}\sum_{i=1}^{N}X_{it}}=\frac{\delta_{it}}{\frac{1}{N}\sum_{i=1}^{N}\delta_{it}}$$

其中，h_{it}衡量第 i 个省份在 t 时期相对于面板均值的大小，它具有两重含义：第一，比较某个区域与其他区域的特征差异；第二，测度某个区域相对于共同增长路径的偏离程度。当 δ_{it}收敛于常数 δ 时，h_{it}收敛于 1。此时，横切面的方差 H_t 将趋于 0。

δ_{it}的半参数模型公式如下：

$$\delta_{it}=\delta_i+\sigma_i\varepsilon_{it}L(t)^{-1}t^{-\alpha}$$

其中，δ_i 为各区域的共有特征，σ_i 为异质性规模参数，$\varepsilon_{it}\sim iid(0, 1)$，$L(t)$ 为一个渐变函数，满足当 $t\to\infty$ 时，$L(t)\to\infty$。α 为收敛速度，当 $\alpha\geqslant 0$ 时，δ_{it}收敛于 δ_i。$L(t)$ 确保收敛的存在。由此可以提出下面的假设检验：

原假设 H_0：$\delta_i=\delta$ 且 $\alpha\geqslant 0$

备择假设 H_A：存在某个 i 使得 $\delta_i\neq\delta$ 或 $\alpha<0$

原假设意味着所有省份均收敛，而备择假设意味着存在俱乐部收敛，即一些省份存在发散。Phillips 和 Sul 证明收敛情况下，当 $t \to \infty$ 时：

$$H_t \approx \frac{A}{L(t)^2 t^{2\alpha}}$$

其中，A 为常数。原假设可以应用 $\log t$ 进行回归检验：

$$\log(H_A/H_t) - 2\log L(t) = \widehat{c} + \widehat{\gamma} \lambda o \gamma t + \widehat{u}_t$$

其中，$L(t) = \log(t+1)$，$t = [rT]$，$[rT]+1$，…，$[rT]+N$，$\widehat{\gamma} = 2\widehat{\alpha}$，$\widehat{\alpha}$ 是原假设中 α 的估计值。本书中 $r = 0.3$①，使用 t 统计量，当 $t < -1.65$（5%显著性水平下的临界值）时，原假设被拒绝。

根据 Phillips 和 Sul 提出的 PS 收敛模型判断区域样本数据的敛散性。如果不存在整体收敛，还可以继续检验是否存在俱乐部收敛的可能。检验准备工作步骤如下：

第一，排序。根据面板数据中成员的最后观测值进行排序，若观测值波动较大，可以按照观测值均值大小排列。

第二，确定核心类型。选择面板数据中观测值靠前的 k 个成员（$2 \leqslant k \leqslant N$）加入核心组，进行 $\log t$ 检验，直到原假设被拒绝。如果最初选择的两个成员拒绝原假设，就将观测值高的成员剔除，将后面两个成员作为核心组，并检验其收敛性，直到接受原假设。如果所有区域的 t 检验均拒绝原假设，则判定样本数据不存在俱乐部收敛。

第三，筛选俱乐部成员。每次添加一位成员到核心组中，并再次运行 $\log t$ 检验。计算 t 统计量的值，当满足 $t > c$ 且 $c \geqslant 0$（其中 c 为临界值）时，则认为该成员属于核心组，重复以上步骤可以得到所有核心组的成员。

第四，合并类型组。将在前几步中未被选中的成员添加为一组并进行检验，若不能拒绝原假设，则将这些成员会聚为新的类型组。若拒绝原假设，则继续重复以上步骤。最后检验类型组之间是否可以合并。

PS 收敛模型提出之后，最初多应用于对西方国家经济水平差异的收敛性分析，随着该方法的进一步发展，一些学者也应用该收敛模型探讨不同区域环境效率的收敛性。如 Panopoulou 采用 PS 模型对 128 个国家的人均

① 通过蒙特卡罗模拟实现，在 $T<50$ 的情况下，$r=0.3$ 是一个比较合理的选择。

碳排放进行收敛检验，发现在研究期间 128 个样本国家的人均碳排放存在两个收敛状况。Camarero 应用 PS 收敛模型对 OECD 国家环境效率进行收敛性分析，并验证了模型的适用性。

三、我国区域工业环境效率的收敛性检验

根据问题，在对我国区域工业环境效率进行收敛性检验时采用 Phillips 和 Sul 提出的 PS 收敛模型判断区域样本数据的敛散性。如果不存在整体收敛，还可以继续检验是否存在俱乐部收敛的可能。

（一）我国区域工业环境效率全局收敛性检验

根据第七章测度的我国工业环境效率值，对其按照 PS 收敛模型做全局收敛检验。首先提出如下假设：

原假设 H_0：我国 29 个省级区域工业环境效率存在收敛，即 $b\geqslant 0$；

备择假设 H_A：我国 29 个省级区域工业环境效率发散，即 $b<0$。

我国 29 个省份整体工业环境效率的 $\log t$ 检验结果如下：

$$\log H_A/H_t-2\log L(t)=1.668(6.50248)-2.087\log t(-20.907)$$

可以看出 t 统计量为-20.907，远远小于临界值-1.65，因此在 0.05 的显著水平上全局收敛的原假设被拒绝，备择假设通过。这意味着 2006—2018 年我国 29 个省份的工业环境效率值不存在全局收敛，在整体上是发散趋势的。

（二）我国区域工业环境效率俱乐部收敛检验

由前面的全局性检验结果可知，我国 29 个省份工业环境效率整体上不存在收敛性，接下来进一步检验其是否存在俱乐部收敛。检验步骤如下：

第一步，将我国 29 个省份的工业环境效率值按照历年的均值进行排序。

第二步，以排名第一的上海市作为基础，与北京市构成第一个类型组进

行收敛检验，结果为 $t=-0.67>-1.65$。然后将广东省加入该类型组，继续进行收敛检验，结果为 $t=-1.03>-1.65$。继续将浙江省加入核心组进行检验，结果 $t=-1.09>-1.65$，表明浙江省应与上海市、北京市、广东省分为一组。

第三步，将其他省份分别加入核心组，计算收敛值。从检验结果得出其他省份均不能与核心组归为一类。所以第一个类型组包含上海市、北京市、广东省和浙江省，$t=1.03$。

第四步，将剩余的 25 个省份进行全局收敛检验，得到 $t=-4.55$，所以这 27 个省份的工业环境效率值不存在全局收敛，不能全部归为一个类型。

第五步，将剩余的 25 个省份的工业环境效率值继续按照上述步骤进行俱乐部检验，选取排序中的下一个天津市与海南省构成类型组，所对应的 $t=-1.18>-1.65$，依次将福建省、江苏省、河南省、重庆市与其构成类型组，均接受原假设。将黑龙江省加入该类型组，$t=-4.67<-1.65$，拒绝原假设，剩余省份不能继续与重庆归为一类。因此，天津市、海南省、福建省、江苏省、河南省和重庆市构成了第二核心组，对应的 $t=-1.23$。其他省份的 $t=-3.89<-1.65$，仍然拒绝原假设，剩下的 19 个省份重复以上步骤。

依次重复上述步骤进行类型收敛与合并，最终得出我国 29 个省份工业环境效率存在 8 个初始的收敛类型。然后根据 Phillips 提出的合并规则检验这 8 个收敛类型是否可以合并，结果表示这 8 个收敛类型最终可以合并为 4 个收敛类型和 1 个发散类型。每个类型包括的省份如表 8-1 所示：

表 8-1 2018 年我国各省份工业环境效率的收敛状况

收敛类型	省份
类型一：高—高	上海市、广东省、浙江省、北京市
类型二：中—高	天津市、海南省、福建省、江苏省、河南省、重庆市
类型三：中—低	黑龙江省、山东省、河北省、湖南省、湖北省、江西省、广西壮族自治区、四川省、安徽省、辽宁省、吉林省、山西省、陕西省
类型四：低—低	新疆维吾尔自治区、宁夏回族自治区、贵州省、青海省、内蒙古自治区
类型五：发散	甘肃省

从表 8-1 可以看出，2018 年我国各省工业环境效率包括四个收敛类型：高—高、中—高、中—低、低—低，以及一个发散类型（甘肃省）。

类型一包括北京市、上海市、广东省、浙江省，相比于其他类型组，类型一成员省份的工业发展水平相对较高，在人才吸纳和资本集聚方面具有领先的比较优势。其中，北京市、上海市的环境效率均值分别为 1.8475、1.8057，远高于其他省份，这与北京市和上海市的工业产业结构密不可分。这两个省份的工业部门大都是一些高技术、新能源工业部门，因此技术水平和管理水平都比较高，能够保持比较高的工业环境效率水平。相比较而言，这四个省份的工业发展初始条件、能源消费结构水平相似，所以工业环境效率呈现收敛特征。

类型二包括天津市、海南省、福建省、江苏省、河南省、重庆市 6 省份。这 6 个省份处于中低环境效率水平，收敛于次高环境效率区域。其中天津市、海南省、福建省和江苏省均为东部沿海省份，跟类型一的省份具备相似的发展历程。河南省为我国重要的交通枢纽，其交通优势使其在工业产品生产上也具备优势。重庆市是除北京市、上海市、天津市之外的西部直辖市，也具备工业发展的天然资本、人才和技术优势。因此，这 6 省份的工业环境效率水平收敛于中—高类型。

类型三包括黑龙江省、山东省、河北省、湖南省、湖北省、江西省、广西壮族自治区、四川省、安徽省、辽宁省、吉林省、山西省、陕西省 13 个省份。这 13 个省份跨越了东中西部，它们的工业环境效率表现为收敛，说明 2006—2018 年这些省域之间的工业环境效率的差异在逐渐缩小，共同收敛于中—低工业环境效率水平。

类型四包括新疆维吾尔自治区、宁夏回族自治区、贵州省、青海省、内蒙古自治区 5 个省份。这 5 个省份均位于西部不发达地区，具备相同的资源要素配置模式，因此收敛于低—低工业环境效率水平。

类型五为发散类型，为甘肃省。其工业环境效率与其他省份存在比较大的差距，远低于整体的工业环境效率水平，表现为不能与其他省份收敛。因此，提高工业技术效率特别是环境效率是甘肃省应关注的首要问题。

四、本章小结

本章首先从微观、中观和宏观三个层面阐述了工业环境效率存在收敛的理论假说，并通过比较常用的收敛检验方法 σ 收敛、绝对 β 收敛、条件 β 收敛和随机收敛，指出这些方法均暗含一个基本假设，即各样本之间具有相同的生产技术条件。由于我国各省的工业发展水平、产业结构等存在较大的差异，直接应用这些传统的收敛检验模型有误设的可能。因此，本章采用了基于异质性假设的 PS 收敛模型研究我国各省工业环境效率的收敛性。结果发现 2006—2018 年我国 29 个省份工业环境效率不存在整体收敛性，只存在 4 个俱乐部收敛类型和 1 个发散类型，不同收敛类型间的环境效率转移路径也存在差异。由此继续应用核密度方法对区域工业环境效率的动态演进开展分析，结果表明研究期间总体环境效率趋于上升，2016 年存在较多环境效率值高的地区，2010 年和 2018 年各省份的工业环境效率差异在缩小。

第九章

我国区域工业效率和环境效率的空间差异性分析

从前面章节的内容中可以看出，我国东中西部地区内部工业效率和环境效率之间存在很大的差异，我们也从不同的角度进行了比较分析。特别是通过第八章的研究，可知我国工业环境效率整体上不存在收敛，而是存在 4 个俱乐部收敛类型和 1 个发散类型。这充分说明我国省际工业技术效率和环境效率发展很不均衡，这种不均衡性在空间上是否有一定的分布规律？空间效应对省际工业技术效率和环境效率差异是否产生影响？基于此，本章内容对第六章得到的区域工业技术效率和第七章得到的区域工业环境效率的空间相关性及差异性进行了分析，通过该分析可以了解我国省际工业技术效率和环境效率的空间分布状况。本章首先从总体上阐述了我国区域工业的非均衡发展过程，进而利用 Theil 系数对我国区域工业技术效率和环境效率的差异性进行衡量和分解，并以区域工业技术效率和环境效率作为发展程度指标，利用探索性空间数据分析方法对 2006—2018 年我国区域工业技术效率和环境效率水平的非均衡格局进行了实证研究。

一、我国区域工业非均衡发展历程及特点

近年来，作为一个区域化特征明显的发展中大国，我国中西部地区工业经济发展速度和水平明显落后于东部地区，且其差距有进一步拉大的趋势。区域工业发展差距是我国区域经济差距的最重要组成部分，其不断扩大的趋势已经严重影响到我国经济社会的和谐发展。我国各省区域工业之间的差异性与区域的资源禀赋、历史和文化传统及宏观经济状况不同有

关，但在我国全面推进工业化的进程中，也受到区域工业发展战略的影响，当区域工业发展战略倾向于某些区域时，就会产生非均衡的区域工业布局。中华人民共和国成立以来，我国启动了工业化进程，工业发展战略经历了平衡发展战略（20 世纪 50—70 年代）、非均衡发展战略（20 世纪 80—90 年代中）和非平衡协调发展战略（20 世纪 90 年代末至今）的动态演变过程，在这一演变过程中，工业经济的区域同质性被区域间的差异性所代替。

（一）我国区域工业非均衡发展战略

改革开放以来，我国采取的“让一部分人、一部分地区先富起来”的非均衡发展战略及其财富效应和示范效应，对于推动我国工业化进程和提高我国整体工业的竞争力发挥了至关重要的作用。主要包括：第一，各种工业示范区和开发区的建设。从 1979 年启动特区建设，到 1990 年、2006 年分别启动上海浦东新区、天津滨海新区建设。从风起云涌的全国各级各类高新技术开发区建设，到近年来各种名目的国家级区域开发规划或示范区建设。第二，不同的区域外商投资优惠政策和私营企业刺激措施。第三，从东部开放到西部大开发、振兴东北和中部崛起，这些措施都属于“局部特殊优惠政策”，间歇性释放资本边际收益空间，分阶段在不同的区域掀起一次又一次的财富聚集和投资热潮，打造出一批又一批光鲜亮丽的开发开放先进地区和先进典型，使之成为展示中国改革开放成果的门户或窗口，并通过带动效应和示范效应，不断拉动着中国经济的快速发展。

1. 东部地区优先发展战略

改革开放以来，国家改变了计划经济条件下均衡发展的战略，转为重点推进东部地区率先发展，鼓励一部分地区率先富起来的非均衡发展战略。对于我国这样一个地域辽阔、人口众多的发展中大国，在当时的经济状况下，把优先的财力和精力集中在东部优势地区，是明智的选择。东部沿海地区存在区位和要素禀赋上的双重优势，发展条件比内地更为优越，因此应该率先发展，而后可以通过东部地区的发展带动中西部地区的发展。

从改革开放后的“一五”计划至“六五”计划，国家在政策优惠、资金投入等方面大力向东部地区倾斜，促进东部地区率先推动工业化进程。首先设立了多个经济特区，后又连续开放了天津、上海、广州、大连、福州、秦皇岛、温州、烟台、宁波、湛江、青岛、连云港、北海和南通14个沿海城市，接着，又设立了珠江三角洲、长江三角洲和闽南厦漳泉三角洲三个经济开放区，随后山东半岛和辽东半岛也相继开放，最后还增加了海南经济特区。

通过这一系列的行动，“东部先富起来”了，东南沿海工业高速发展，竞争力不断提高，带动了我国工业整体实力的进一步增强。随后，我国实施了产业结构调整战略，调整了生产资料工业和消费工业的比重以及轻工业和重工业的结构，这一结构调整战略在满足广大人民对基本生活消费品需求，解决物质紧俏、价格飞涨问题的同时，也给工业基础设施较好的沿海地区提供了契机。

东部地区率先发展战略使得东南沿海省份的工业获得了前所未有的高速增长，增长速度大大超过全国工业平均水平，我国区域工业非均衡局面开始呈现。

2. 兼顾中西部地区工业发展的阶段

东部地区与中西部地区差距的拉大，给我国带来了一系列矛盾，为此，在邓小平提出的“两个大局”战略的基础上，我国开始了东部发展的同时兼顾中部、西部发展的阶段。一方面，东部沿海地区工业要继续发展，做好“领头羊”和示范区。另一方面，东部沿海地区在自身工业高速发展的同时，必须帮助和扶持内地工业的发展。为此，我国开始调整区域工业发展战略，加大了对中部地区工业基础建设的投资和西部地区中心工业城市的建设，加大了对老工业区、少数民族工业区、边远工业区和不发达工业区的扶持力度，试图改善我国区域工业非均衡发展的状况。主要采取的措施包括：第一，在中西部地区建立资源开发和工业基础设施建设项目，引导资源加工型和劳动密集型工业产业向内地转移；第二，增加对中西部地区的财政支持力度，规范中央财政转移支付力度；第三，加大对中部和西部地区的技术支持力度；第四，提高资源性产品价格并加大中西部地区矿产资源勘探力度，从而增加中西部地区居民收入；第五，吸引更多的外资投入中西部地区，提高国家政策性贷款在中西部地区的比重。

3. 西部大开发和中部崛起实施战略阶段

经过改革开放的快速发展，我国的工业实力显著提高，但区域工业非均衡状况越来越严重，国家开始加大对中西部地区的支持力度。从“十五”时期开始，我国开始实施西部大开发战略，进入了加快中西部地区发展的新阶段。

2000 年开始，国家把政府投资和拨款、政府优惠贷款和国际金融组织提供贷款的 70%左右都投向了中西部地区，在西部地区开始建设“十大工程”。首先，投资大量资金用于西部交通基础设施建设，包括公路、铁路和民航。其次，提高西部地区工业技术水平，推广先进适用技术。最后，实施优惠政策鼓励外商和东部企业投资西部地区。

（二）我国区域工业非均衡发展的效应分析

1. 积极效应

区域工业非均衡发展的积极效应在于它充分发挥了沿海地区的比较优势，使其经济增长持续保持在全国领先水平，一定程度上带动了中西部区域经济的开发和发展，促进了中西部地区经济的繁荣，提升了国民经济的整体实力。具体来说，存在以下三种积极效用：规模经济效应、扩散效应和财富效应。

规模经济效应。规模经济效应是指在区域工业非均衡发展过程中，出现了工业规模大、竞争力强的区域，这些地区的工业生产形成了经济规模，导致生产成本降低，商品价格下降，市场竞争力提升。规模经济效应不仅是非均衡发展的积极效应，同时也是进一步加深非均衡发展的原因，由于规模经济和范围经济的作用，资源向工业基础较好的区域集中，使这些区域变成增长极，且规模经济效应得到强化，拉大了地区间的差异。

扩散效应。增长极理论认为区域要实现全面工业化和经济发展，必须建立增长极，增长极发展到一定程度，会通过辐射效应（扩散效应）带动四周区域工业的发展，最终提高整个区域的工业竞争力。扩散效应和辐射效应会使接近增长极的周围区域工业增长迅速，而远离增长极的区域工业发展相对缓慢。在我国，这种扩散效应主要指在东部沿海发达地区工业发展到一定程度后，对中西部地区产生带动作用，从而提高我国整体的工业实力。

财富效应。财富效应是指区域工业发达地区发展到一定程度，财富累积到一定规模后，就会产生对其他地区的传导效应或者控制效应。

2. 消极效应

区域工业非均衡发展的消极效应在于：由于各种经济政策过于向东部地区倾斜，造成了中西部地区人才、资金、资源等生产要素的大量流失，使中西部地区企业与沿海地区企业处于不平等的竞争位置，引进内外资的条件在一定程度上更落后于东部地区。因此，随着各种经济条件的发展成熟，必须适时地调整区域经济发展战略以缓解非均衡发展造成的负面影响，包括经济短板效应、极化效应、政治和社会的消极效应等。

经济短板效应。经济短板效应源自“木桶理论”，“木桶理论”认为木桶所盛的水容量不是取决于木桶最长的木板，而是取决于木桶最短的木板。将其延伸到经济学中即为“经济短板效应”，其含义是一个国家的发展水平不是取决于经济实力最强的区域，而是取决于经济实力最弱的区域。在经济短板效应的作用下，如果区域工业之间存在非均衡差异性，那么工业发达地区与落后地区差距的存在会使得整体经济效益或经济质量相互抵消，其危害是经济发达地区不仅不能带动经济落后地区，反而会把其矛盾带给经济落后地区。

极化效应。一般来说，劳动力、资本等生产要素会受到吸引而向工业增长迅速的区域集中，这种集中的过程被称为“集聚效应”，而集聚中的极化效应是指群体在其发展演变过程中，由于个体间对生产要素吸引和集聚能力的强度不同导致的两极分化现象——中等发展水平的区域个体数量不断减少，即区域工业非均衡状态将不断加剧，随着技术、信息、资金和配套的产品流向工业竞争力强的地区，造成区域工业发展地理位置上的极化。由于极化效应，增长极可能对周围区域的发展产生消极影响，剥夺周围区域发展的机会，使区域工业的差异越来越大。如前所述，这种消极效应在一定程度上也是规模经济积极效应的副产品。

政治和社会的消极效应。区域工业的非均衡发展产生的地区间差距会影响到我国的政治和社会稳定。第一，过度的区域差距特别是贫富差距的存在会使经济矛盾演变为民族政治矛盾，威胁到我国的统一和社会和谐。第二，区域差距的存在还会使社会的心理不稳定，会造成人与人之间的对比，滋生社会不满情绪，这种不满的社会心理表现为“仇富”心态，非均衡发展达到一定程度造成的政治和社会不稳定将会严重阻碍社会经济的健康发展。

（三）我国区域工业非均衡发展的主要特征

1. 我国区域工业非均衡发展的“块状”布局特征

区域工业非均衡发展的“块状”布局是指工业在地理位置上的集聚和成堆分布的空间表现形式，我国的工业在地理空间上表现出明显的“块状经济”迹象。由于东部沿海地区深厚的发展基础、人口密集、本地市场需求旺盛、软硬环境良好，其参与市场竞争具备得天独厚的优势，使得东部地区成为工业竞争力最高的集聚地，并进一步利用溢出效应带动周边地区的发展。东北和华北地区接受东部沿海地区的辐射，成为工业竞争力较大的聚集地。中西部地区一方面由于人才的缺失，使得生产技术和效率不能得到充分发挥和提升；另一方面又不能很好地借助外部辐射力量，致使中西部地区很难突破原有的发展模式，工业发展长期处于落后状态。曾经有学者认为，东部沿海地区工业发展到一定程度后，通过辐射效应会带动中西部工业的快速发展，从而实现我国工业竞争力的整体提高，但事与愿违，随着工业化进程的不断推进，工业竞争力的差距却不断扩大。我国工业的非均衡主要表现在以下几个方面：东部沿海地区在工业发展规模、发展速度、工业结构调整和工业技术创新等方面都领先于中西部地区；中部毗邻东部地区，受到东部产业转移的扩散效应影响，工业发展速度也较高，不同发展水平的省份在空间表现出聚集的特征，说明相邻地区间经济发展具有空间依赖性。

2. 我国区域工业非均衡“块状”布局产生的原因

我国工业经济在空间上表现出明显的“块状”布局，这种块状布局产生的直接原因包括：

第一，资源禀赋差异。区域工业非均衡发展的原因首先来自地域差异特别是不同区域的资源禀赋差异。我国不同地区在自然资源、劳动力、资本禀赋的分布上表现出很大的非均衡性。区域资源禀赋对区域工业竞争力的影响主要体现为比较优势。所谓区域比较优势，是指某个区域由区位、自然资源、劳动力、资本等要素共同构成的相比其他区域更有利的发展条件，在生产要素不完全流动且存在流动成本的情况下，资源禀赋的这种差异必然会反映在生产要素的价格上，并最终反映在区域工业企业效益和工业产品价格上。

第二，过度依赖投资、出口推动工业增长。我国区域工业的不均衡很大一部分原因是经济增长特别是工业增长过度依赖投资、出口。资金配置的失衡引起了区域工业发展水平的失衡，而失衡的区域工业发展状况又会加剧原有的投资配置失衡。这充分表明我国区域工业发展的非均衡很大一部分是由于工业投资的非均衡和工业产品出口的非均衡。这种过度依赖投资和出口而忽视内需和消费的增长模式，导致我国投资环境和出口比较方便的东部沿海地区特别是广东、江苏、浙江、天津等省份工业增长迅速，而中西部内陆地区工业发展缓慢。

二、区域工业环境效率空间差异性分析

我国相邻区域工业发展存在很大的依赖性，聚集经济和聚集不经济是相邻区域工业发展存在的相互制衡的两个因素。在这种区域之间工业发展相互依赖的情况下，把空间因素排除在外来研究区域工业环境效率的差异性是不合理的，为此，可利用空间计量经济学中的探索性空间数据分析来

衡量区域工业环境效率发展的集聚和分散两个相反的力量同时作用的结果。

（一）探索性空间数据分析法

传统的计量经济学是建立在独立观测值假定基础上的理论，但是在现实生活中，特别是处理区域空间数据时，独立观测值并不是普遍存在的。在区域空间数据中，一般来说距离近的区域的变量之间会比距离远的区域的变量之间具有更加密切的关系，地区之间的经济行为都存在一定程度的相关关系。

空间计量经济学就是以空间统计学为基础，从一般计量经济学发展而来的考虑空间因素的经济计量模型，最早出现在 20 世纪 70 年代早期，是为满足区域经济学中处理区域空间经济数据的需求而产生的。Paelinck 和 Klaassen（1979）最早提出了“空间计量经济学”的观点，Anselin（1988）进一步将空间计量经济学的概念归纳为：处理区域科学模型统计分析中因空间因素引致的诸多特性的技术总称。①

空间计量经济模型与传统计量经济模型的最重要区别在于空间计量经济模型在分析现实经济行为时会考虑个体之间在空间上的相互作用及其表现的差异性，即空间效应。传统计量经济学假设个体在空间上具有独立性和同质性。空间效应在模型中的度量主要通过引入空间权重矩阵来实现。

1. 空间效应的来源

空间计量经济学能够识别和估计地理和经济现象中经常表现出的空间效应。一般来说空间效应主要有两个来源：空间自相关性（空间依赖性）和空间异质性。

空间自相关性是空间效应识别的第一个来源，是指在截面数据中某一空间单元上的观测值与位于其他空间单元上的观测值的相关性，即一个区域个体上的某种属性值与临近地区上的同一属性值的相关程度，可分为整

① Anselin L. Spatial econometrics: methods and models [J]. Kluwer Academic, Dordrecht, 1998a.

体和局部的空间自相关。空间相关性不仅认为空间上的观测值缺乏独立性，而且其强度及模式由绝对位置（空间格局）和相关位置（空间距离）共同决定。

Anselin 和 Rey（1991）认为空间自相关来源于现实生活中的空间交互作用，即区域之间的要素流动、创新扩散、技术溢出等，它们是区域间经济或创新差异演变过程中的真实成分，是确实存在的空间交互影响，如劳动力、资本流动等耦合形成的经济行为在空间上的交互影响、相互作用，研发的投入产出行为及政策在地理空间上的示范效应和激励效应。①

2. 空间效应的测度

探索性空间数据分析法不同于以前由理论推动的演绎推理过程，属于数据驱动的探索过程，其本质是“让数据自己说话”，它通过研究数据之间的空间依赖和空间异质性，来研究区域在整体和局部的空间差异变化。

探索性空间数据分析方法认为可将空间自相关性分为全局空间自相关性（整体空间自相关性）和局部空间自相关性。其中整体空间自相关性描述某种现象的整体分布情况，分析空间数据在所有区域之间的分布特征，并据此判断该种经济现象在特定区域内是否存在聚集特征，但是其不能确切指出经济现象聚集在哪些位置。全局空间自相关性可以用 Moran's I 指数（莫兰指数）、GetisG 指数、Geary 指数测度，其中最常用的是 Moran's I 指数，计算方法如下：

$$I_t = \frac{\sum_{i=1}^{N}\sum_{j=1}^{N} w_{ij} Z_{ij} Z_{jt}}{S_0 m_2}$$

其中，$Z_{ij} = Y_{it} - \bar{Y}_t$，$Y_{it}$ 为 i 地区 t 时期的某一属性值（通常指经济发展程度），$\bar{Y}_t$ 为 t 时期所有地区该属性值的平均值；$S_0 \sum_i \sum_j w_{ij}$，W_{ij} 为空间权重矩阵 W 在 (i, j) 点的元素，$m_2 = \sum_t Z_i^2 / N$。Moran's I 统计量可用来测度目标属性值的总体空间相关性。Moran's I 统计量越大，表示空间自相关

① Anselin L., S. Rey. Properties of tests for spatial dependence in linear regression models [J]. Geographical Analysis, 1991 (23): 112-131.

性越强，即空间因素在经济增长中的作用逐渐增强。一般而言，Moran's I 指数在（-1，1），大于 0 表示地区之间空间正相关，越接近 1 正相关程度越强；小于 0 表明空间负相关；等于 0 表明地区之间无关联。

Moran 认为 Moran's I 指数近似服从均值为 $E(I)$ 和方差为 $V(I)$ 的正态分布，根据其分布特征可得：

$$E(I)=-\frac{1}{N-1},\quad V(I)=\frac{N^2w_1+Nw_2+3w_0^2}{w_0^2(N^2-1)}\sim E^2(i)$$

其中，$w_0=\sum_{i=1}^{N}\sum_{j=1}^{N}w_{ij}$；$w_1=\frac{1}{2}\sum_{i=1}^{N}\sum_{i=1}^{N}(w_{ij}+w_{ji})^2$；$w_2=\sum_{i=1}^{N}(w_{i\cdot}+w_{j\cdot})$

由此，近似服从标准正态分布的 Moran's I 形式为：

$$z=\frac{I-E(I)}{\sqrt{V(I)}}\sim N(0,\ 1)$$

局部空间自相关可用来分析局部区域所表现的分布特征，即局部空间聚集性，它可以指出聚集位置，还可以探测空间异常现象等。一般通过 Moran 散点图和局部 Moran's I 指数（或称 LISA 指数，Local Indicators of Spatial Association）测度。

局部空间 Moran's I 指数的计算公式为：

$$MI_i(d)=Z_i\sum_{j\neq i}w_{ij}^{*}Z_j$$

其中，$Z_i=\frac{Y_i-\overline{Y}}{\sigma_Y}$为 Y_i 标准化转化之后的空间权重矩阵的元素。

Moran 散点图的形式为：i 地区在 Moran 散点图的坐标为［z_i，（W_{z_i}）］，$z_i=(Y_i-\overline{Y})/sd(Y)$ 为 i 地区标准化的该属性值，$z_i>0$ 表明 i 地区该属性值高于平均水平，反之则低于平均水平。W_{zi}反映 i 地区周边地区目标属性值的大小，$W_{zi}>0$ 说明 i 地区周边地区目标属性值发展程度较高。Moran 散点图的四个象限反映该地区与相邻地区间的空间联系：第一象限点为 HH 区域，处于该象限的地区与周边地区发展程度都高于平均水平。第二象限点为 LH 区域，处于该象限的地区发展程度比较低，而周边地区发展程度高。第三象限点为 LL 区域，处于该象限的地区及其周边地区的发展程度都低于平均水平。第四象限点为 HL 区域，处于该象限的地区发展程度高，而周边地区发展程度较低。处于第一象限和第三象限的点表示相邻地区空间自相关，即该属性值在区域上存在聚集效应；处于第二象限和第四象限的点表示相邻地区空间负相关，即该属性值在区域上显著差异。

（二）基于探索性空间数据的我国区域工业环境效率的空间差异性分析

本部分内容主要通过探索性空间数据分析（Exploratory Spatial Data Analysis，ESDA）研究省际环境效率是否存在空间效应。

从前面第六章的环境效率测度分析中可以看出，东、中、西部区域环境效率出现了由东向西逐次递减的趋势，因此可以从一定程度上看出环境效率的高低与区域地理位置有一定的关联。如沿海地区的环境效率普遍高于西部地区的环境效率，所以 Moran's I 适用于检验省际环境效率的空间自相关性，且国内一些学者进行了相关的研究，如高红贵和汪成使用 Moran's I 度量区域之间的环境技术效率，发现我国工业环境技术效率的空间集聚效应已经形成。

1. 全局 Moran's I 的计算

（1）全局 Moran's I 的定义。

$$\text{Moran's I} = \frac{\sum_{i=1}^{n}\sum_{j=1}^{n} W_{ij}(Y_i - \bar{Y})(Y_j - \bar{Y})}{S^2\sum_{i=1}^{n}\sum_{j=1}^{n} W_{ij}}$$

其中，i是指数，$S^2 = \frac{1}{n}\sum_{i=1}^{n}(Y_i - \bar{Y})^2$，$\bar{Y} = \frac{1}{n}\sum_{i=1}^{n}Y_i$，$Y_i$表示第$i$个地区的属性观测值。$W_{ij}$为空间权重矩阵，用来表征区域的邻近关系。$n$为区域的个数。$\bar{Y}$是变量$Y$的平均数。$i$的取值介于-1与1之间。本书中$W_{ij}$的设定是以经济地理距离为标准构建的权重矩阵。首先设定地理空间权重矩阵：

$$W_{ij}^{d} = e^{-\alpha d_{ij}},\ W'^{d}_{ij} = \frac{W_{ij}^{d}}{\sum_j W_{ij}^{d}},\ i \neq j$$

其中，W_{ij}^{d}为第 i 行和第 j 列的矩阵元素，d_{ij}为空间单元 i 和 j 的地理距离，用区域之间的欧式距离表征。区域内部的距离用 $d_{ij}=\frac{2}{3}\sqrt{\frac{are\alpha_i}{\pi}}$ 表示，其中 $are\alpha_i$ 为第 i 个区域的面积。α 为系数，用两个区域之间最短距离的倒数表征。W'^{d}_{ij}为标准化后的空间权重。

经济地理空间权重矩阵为：

$$W_{ij}^{ed}=W_{ij}^{d}diag(\bar{Y}_1/\bar{Y},\ \bar{Y}_2/\bar{Y},\ \cdots,\ \bar{Y}_n/\bar{Y});\ W'^{ed}_{ij}=W_{ij}^{ed}/\sum_j W_{ij}^{ed},\ i\neq j$$

其中，W_{ij}^{d} 为地理距离空间权重矩阵，$\bar{Y}_i=\frac{1}{(t_1-t_0+1)}\sum_{t_0}^{t_1}Y_{ij}$ 为研究期内第 i 个区域的 GDP 均值，$\bar{Y}=\frac{1}{n(t_1-t_0+1)}\sum_{t=1}^{n}\sum_{t_0}^{t_1}Y_{ij}$ 为研究期内 GDP 均值，W_{ij}^{ed} 为经济地理空间权重矩阵，W'^{ed}_{ij} 为标准化后的权重矩阵。该权重矩阵既考虑地理因素，又考虑经济因素，因此被称为经济地理空间权重矩阵。

（2）莫兰统计的检验。

Moran's I 的计算结果可以采用正态分布和随机分布两种假设进行检验。两者的期望均为：

$$E(I)=-\frac{1}{n-1}$$

对于正态分布：

$$VAR_n(I)=\frac{n^2W_1-nW_2+3W_0^2}{W_0^2(n^2-1)}-E(I)^2$$

对于随机分布：

$$VAR_r(I)=\frac{n^2[(n^2-3n+3)W_1-nW_2+3W_0^2]-k_2[(n^2-n)\ \ W_1-2nW_2+6W_0^2]}{W_0^2(n-1)\ \ (n-2)\ \ (n-3)}-E(I)^2$$

其中，$k_2=\frac{n\sum_i^n(x_i-\bar{x})^4}{[\sum_i^n(x_i-\bar{x})^2]^2}$，$W_0=\sum_i^n\sum_j^n w_{ij}$，$W_1=\frac{1}{2}\sum_i^n\sum_j^n(w_{ij}+w_{ji})^2$，$W_2=\sum_i^n(w_{i*}+w_{*i})^2$，其中，$w_{i*}$ 和 w_{*i} 分别表示权重矩阵中 i 行和

j 列之和。

将 Moran's I 标准化可以得到如下公式：

$$Z(d)=\frac{I(d)-E(I)}{\sqrt{VAR(I)}}$$

通过统计量的 Z 值可以判断原假设的显著性（H_0：我国区域工业环境效率不存在空间相关性）。若显著性水平低于 0.05 或 0.1，则应拒绝原假设，表明我国区域工业效率存在显著的空间相关性。

2. 局部 Moran's I 的计算

全局空间自相关只能说明我国整体的工业环境效率存在空间关联，不能完全反映省际的空间依赖情况。需要采用局部关联指标来分析可能存在的局部显著性空间关联。常用的局部关联指标为局部 Moran's I，公式如下：

$$I_i=\frac{(Y_i-\bar{Y})}{S^2}\sum_{j\neq i}(Y_j-\bar{Y})$$

其中，S^2、Y_i 和 $\bar{Y}$ 与前文中的全局 Moran's I 含义相同。当 $I_i>0$ 时，表示具有类似属性的观测值聚集在一起，即高效率值与高环境效率值集聚或者低效率值与低环境效率值集聚。当 $I_i<0$ 时，表示具有相异属性的观测值聚集在一起，即高环境效率值与低环境效率值集聚或者低环境效率值与高效率值集聚。

三、我国区域工业环境效率的空间自相关性分析

（一）我国区域工业环境效率的全局空间自相关性分析

应用 stata 软件计算 Moran's I 指数，结果如表 9-1 所示，在考虑和不考虑非期望产出情况下全局自相关 Moran's I 指数均为正值，且都通过了 1% 水平的显著性检验，显著拒绝了我国区域工业技术效率和环境效率不存在全局空间自相关性的原假设。该数据充分说明我国区域工业技术效率和环境效率都存在明显的正空间集聚现象。

表 9-1　2006—2018 年我国工业技术效率和环境效率 Moran's I 指数

年份	不考虑非期望产出的技术效率			考虑期望产出的环境效率		
	Moran's I	t 统计量	P 值	Moran's I	t 统计量	P 值
2006	0. 3623	7. 84	0. 0026	0. 2356	6. 89	0. 0025
2007	0. 3556	8. 45	0. 0016	0. 1986	8. 25	0. 0015
2008	0. 4251	7. 12	0. 0021	0. 2125	6. 65	0. 0022
2009	0. 4148	6. 25	0. 0015	0. 2387	6. 14	0. 0036
2010	0. 3995	8. 12	0. 0019	0. 2596	7. 22	0. 0017
2011	0. 4048	6. 89	0. 0021	0. 3125	6. 63	0. 0025
2012	0. 4258	5. 63	0. 0014	0. 3986	6. 21	0. 002
2013	0. 3674	6. 12	0. 0015	0. 4258	5. 58	0. 0017
2014	0. 3611	7. 55	0. 0020	0. 4125	7. 14	0. 0023
2015	0. 4421	6. 98	0. 0022	0. 4089	6. 22	0. 0024
2016	0. 3974	7. 45	0. 0023	0. 4074	7. 18	0. 0019
2017	0. 3874	6. 23	0. 0018	0. 4145	5. 78	0. 0017
2018	0. 3548	5. 12	0. 0021	0. 4287	5. 69	0. 0023

从表 9-1 可以看出，我国所有省份不考虑非期望产出的技术效率 Moran's I 从 2006 年的 0. 3623 增加到 2012 年的 0. 4258 后，又下降到 2018 年的 0. 3548。这说明我国区域工业技术效率之间存在较大的空间自相关，其空间集聚趋势先是不断增强而后在 2013 年开始趋缓。但是总体而言，工业技术效率高的省份趋于和同样高的省份比邻，工业技术效率低的省份的相邻省份工业技术效率同样薄弱。这一趋势更明显地表现在考虑期望产出的环境效率上，考虑期望产出的环境效率 2006—2018 年的 Moran's I 保持持续上涨的趋势，从 2006 年的 0. 2356 上涨到 2018 年的 0. 4287。环境效率的这一表现充分说明环境污染产业和绿色产业的集聚现象，以及我国工业产业的梯度转移趋势。

图 9-1 显示了我国整体及东、中、西部地区从 2006—2018 年考虑非期望产出技术效率的 Moran's I 的变动趋势。从图中可以看出，我国整体及东、中、西部地区环境效率 Moran's I 相差不大，随着时间的变化，环境效

率自相关性不断加强，东部地区环境效率集聚趋势最明显，西部地区次之，集聚趋势最弱的是中部地区。

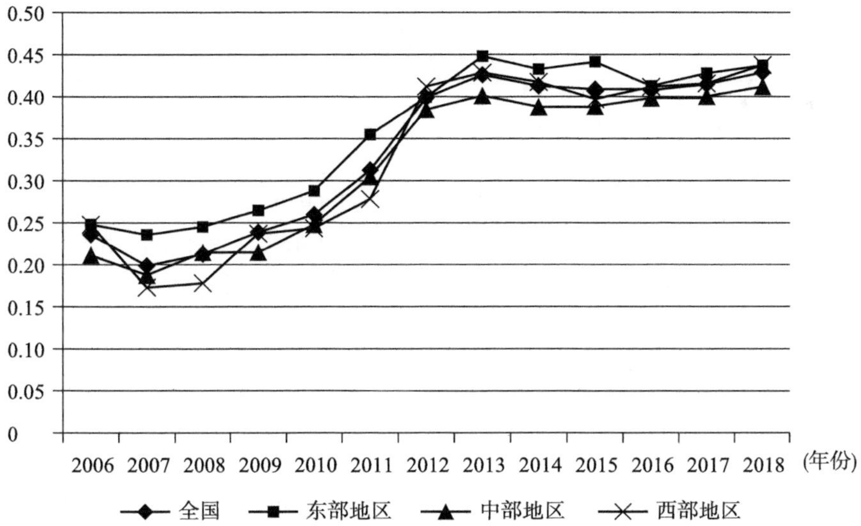

图 9-1 我国各地区考虑非期望产出的环境效率莫兰指数变动趋势

（二）我国区域工业技术效率和环境效率的局部空间自相关分析

在全局空间自相关分析基础上，进一步分析我国区域工业技术效率和环境效率的局部空间自相关状态，考察是否存在工业技术效率和环境效率的局部空间同质性，哪些省份对全局空间自相关指数的贡献更大，以及区域工业技术效率和环境效率全局自相关评价在多大程度上掩盖了局部差异。简单地说区域工业技术效率和环境效率的局部空间自相关指数衡量的是某一省份区域工业技术效率和环境效率与周边省份区域工业技术效率和环境效率的差异性或者同质性。

我国区域工业环境效率的同质性可用局部空间自相关指数衡量。相对于每个地区而言，局部空间自相关指数高（大于 0）表明该区域与周边区域存在同质性，局部空间自相关指数低（小于 0）表明该区域与周边地区存在异质性。

根据局部空间自相关指数小于-0.005 和大于 0.005 的情况，把所有区域划分为四类：小于-0.005的高异质区；大于-0.005小于0的低异质区；大于0小于0.005的低同质区；大于0.005的高同质区，具体分类结果如表9-2所示。

表 9-2 区域工业环境效率局部空间自相关指数分类

分类	省份
低异质区	黑龙江省、吉林省、辽宁省、内蒙古自治区
高异质区	北京市、河北省、山西省、天津市、河南省
低同质区	重庆市、四川省、青海省、新疆维吾尔自治区、西藏自治区、甘肃省、湖北省、湖南省
高同质区	上海市、江苏省、浙江省、广东省、福建省

从表9-2可以看出，黑龙江省、吉林省、辽宁省、内蒙古自治区四个省份处于低异质区，这四个省份虽然与相邻省份的区域工业环境效率之间存在差异，但是差异不大。从区域工业环境效率的评价值可以看出，这四个省份中，辽宁省工业环境效率远远高于其他三个省份。

北京市、河北省、山西省、天津市、河南省五个省份处于高异质区，这五个省份与周围邻近省份的区域工业环境效率差异较大，北京市、天津市是远高于邻近省份的，山西省、河北省、河南省则远低于某些相邻省份的区域工业环境效率值。北京市是我国的经济文化服务中心，服务业非常发达，工业产值不高，但是效率强，特别是其非期望产出的环境效率值远高于其他省份。但其邻近的河北省、山西省，工业环境效率评价值较低，因此处于高异质区；山西省是资源型城市，工业发展很快，但是非期望产出排放也比较高。

四川省、湖北省、青海省、重庆市、新疆维吾尔自治区、西藏自治区、甘肃省、湖南省八个省份处于低同质区，工业环境效率水平与周围省份类似。这些省份都位于西部或中部地区，工业发展水平和环境保护程度相当。

上海市、江苏省、浙江省、广东省、福建省五个省份位于高同质区。这五个省份与周围相邻省份的工业环境效率评价值类似，都比较高。

四、本章小结

（1）从全局 Moran's I 检验结果看，2006—2018 年我国工业不考虑非期望产出的技术效率和考虑非期望产出的环境效率均存在显著的正空间相关，这充分说明区域工业发展的技术效率和环境效率水平在空间分布上并非表现出完全的随机状态，而是表现出一定的集聚性，即高效率和高效率的省份相邻，低效率和低效率的省份相邻。

（2）从年度变化的趋势来看，区域之间的这种集聚性会随着时间的变化越来越强，特别是考虑非期望产出的环境效率的集聚趋势增长明显。

（3）从局部空间自相关检验结果来看，我国区域工业环境效率在空间分布上呈现不同的集聚趋势。东部沿海城市组成高水平环境效率的空间集聚区域。西部区域以甘肃省、青海省等为中心组成低水平环境效率的空间集聚区域。

第十章

我国区域工业环境效率影响因素的空间计量分析

前面章节中对我国区域工业技术效率和环境效率的差异性、收敛性以及空间相关性进行了研究，那么区域工业环境效率的差异性是由什么决定的，到底受到哪些因素的影响？这些因素是如何影响的及其作业程度如何？区域环境效率的空间相关性是否对这些影响因素产生作用？对这些问题的回答可以帮助我们了解区域环境效率的关键因素，根据其影响机理可以对提高区域环境效率提出具有针对性的政策建议。基于此，本章首先介绍我国区域工业环境效率影响因素分析的空间计量方法，并总结前人的研究内容选择出环境效率的影响因素。然后应用空间计量模型对影响因素进行检验，得出关键因素，据此提出提高我国区域工业环境效率的有效建议。

一、空间计量模型

20 世纪 70 年代，Paelinck 和 Klaasse 界定了空间经济领域，此后，空间计量经济学引起了学者们的关注。空间计量模型主要应用于样本的面板数据或截面数据在空间结构上的相互作用，在经济管理领域得到了广泛应用，并取得了一些研究成果。

（一）空间计量模型的种类

下面简单介绍一下两种最基本的空间计量模型：空间滞后模型（SLM）和空间误差模型（SEM）。

（1）空间滞后模型。

空间滞后模型①主要是用来分析在研究的空间区域上各个研究是否存在扩散或溢出的现象，SLM 模型的一般表达式为：

$$Y=\rho WY+X\beta+\varepsilon$$

其中，Y 表示 $n\times1$ 阶的被解释变量矩阵，也就是空间计量模型的因变量，X 表示 $n\times k$ 阶的外生解释变量，也就是空间计量模型的自变量，ρ 表示空间回归系数，是空间计量模型回归后自变量的系数变量，W 表示 $n\times n$ 阶的空间权重矩阵，β 为一般回归系数，参数 β 反映了自变量对因变量的影响程度，WY 为该空间滞后模型中的空间滞后因变量，ε 为随机误差项向量，且 $\varepsilon\sim N(0,\ \sigma^2I_n)$。

（2）空间误差模型。

上述空间滞后模型的空间自相关存在于滞后项中，而空间误差模型的空间自相关存在于模型的干扰项也就是误差项中，它作为误差项度量了相邻单元关于解释变量的误差冲击对本单元观察值的影响程度。空间误差模型的表达式为：

$$Y=X\beta+\varepsilon$$

$$\varepsilon=\lambda W\in+\mu$$

其中，ε 表示模型的随机误差项向量，λ 是 $n\times1$ 阶因变量的空间误差系数，μ 是正态分布中的随机误差向量。从参数 λ 中可以体现样本观察值的空间相关程度为多少，即相邻区域的某观察值 Y 对本区域观察值 Y 的影响程度的大小，β 为回归系数，μ 为不受其他影响的白噪声，且 $\mu\sim N(0,\ \sigma^2I_n)$。

如果不考虑模型的空间效应，就可直接采用最小二乘法检验。若区域之间存在空间相关性，就需要根据 Anselin② 提出的模型选择依据方法，来比较空间滞后模型和空间误差模型在统计上哪个比较显著，从而选择显著

---

① 吴玉鸣，李建霞．中国区域工业全要素生产率的空间计量经济分析［J］．地理科学，2006，26（4）：385-391.

② Anselin L.，Florax R. J. G. M. Small sample properties of tests for spatial dependence in regression models：some further results［M］. New Directions in Spatial Econometrics. Springer Berlin Herdelberg，1995.

性强的模型进行下一步的检验分析。

(3) 空间常系数回归模型。

空间常系数回归模型的一般形式为:

$$\begin{cases} Y=\rho W_1 Y+X\beta+\varepsilon \\ U=\lambda W_2 U+\varepsilon,\ \varepsilon\sim N(0,\ \sigma_{\in}^2 I_n) \\ \in\sim N(0,\ \sigma_{\in}^2 I_n) \end{cases}$$

其中，ρ 是空间自回归的系数，W_1 和 W_2 是 $n\times n$ 阶的空间权重矩阵，即 n 个不同区域的空间关联网络矩阵。λ 是空间误差自相关系数，W_2U 即空间滞后误差项。$\in$ 为正态分布的随机误差向量。当 $\lambda=0$ 时，空间常系数回归模型对应的就是空间滞后模型，当 $\rho=0$ 时，该模型对应的就是空间误差模型。

(4) 基于面板数据的空间计量模型。

考虑到时空之间的变化，本书在我国区域工业环境效率和环境全要素生产率的影响因素分析上选取面板数据来弥补目前空间计量模型中大多基于截面数据的不足。如果需要着重考察个体的特征变化来进行面板计量回归，最合适的方法是采用固定效应模型。相反，如果需要着重考察时间上的变化特征，最合适的方法是采用随机效应模型。据此，在对我国区域工业环境效率和环境全要素生产率的影响因素进行空间计量分析时，我们采用了固定效应的空间计量模型。

固定效应的空间滞后模型可以表示为:

$$\begin{cases} Y_t=\rho WY_t+X_t\beta+u+\mu_t \\ \mu_t\sim N(0,\ \sigma^2 I_n) \end{cases}$$

其中，$t=1,\ 2,\ \cdots,\ T$，表示时间序列的期间数；$Y_t=y_{1t},\ y_{2t},\ \cdots, y_{nt}$，表示 n 个截面数据在第 t 个时间点的被解释变量，$X_t=x_{1t},\ x_{2t},\ \cdots,\ x_{mt}$，表示 m 个截面数据在 t 个时间点的自变量，$u=u_1,\ u_2,\ \cdots,\ u_n$，表示固定效应空间滞后模型回归方程中的个体效应。$\mu_t=\mu_1,\ \mu_2,\ \cdots,\ \mu_n$，表示服从正态分布的随机误差项。$W$ 是空间权重矩阵，β 是关于解释变量 X_t 的回归系数，ρ 就是需要估计的参数，表示某个区域的环境效率受另一区域环境效率的影响程度。

固定效应的空间误差模型表达式如下：

$$\begin{cases} Y_t = X_t\beta + \mu + \varepsilon_t \\ \varepsilon_t = \lambda W\varepsilon_t + \mu_t \\ \mu_t \sim N(0,\ \sigma^2 I_n) \end{cases}$$

其中，$t=1$，2，…，T，$Y_t=y_{1t}$，y_{2t}，…，y_{nt}，是 n 个截面数据在 t 个时间点的被解释变量，$X_t=x_{1t}$，x_{2t}，…，x_{nt}，代表 n 个截面数据在 t 个时间点内的每个时间点的自变量，$u=u_1$，u_2，…，u_n，代表回归方程中的个体效应。$\mu_t=\mu_1$，μ_2，…，μ_n，表示服从整体分布的随机误差项。W 是空间权重矩阵，β 为关于解释变量 X_t 的回归系数，λ 为需要估计的参数，代表某个区域的随机误差项 ε_t 受邻近区域 ε_t 的影响程度。

（二）空间面板回归模型的估计步骤

在研究我国区域工业环境效率的影响因素时，最合适的模型是空间滞后模型，因此这里只简单介绍一下空间滞后模型的估计方法。由于在空间滞后模型中 $\sum_j W_{ij}y_{ij}$ 具有内生性，Anselin 等选择最合适的 ML 方法来估计固定效应的空间滞后模型，具体的估计过程如下：

第一步，将面板数据作为横截面数据，令 $Y=[y_{11}, \cdots, y_{N1}, \cdots, y_{1T}, \cdots, y_{NT}]^T$ 为 y_{it} 整合的 $NT\times 1$ 阶矩阵，X 为 x_{it} 整合的 $NT\times k$ 阶矩阵，$y_{it}^* = y_{it} - \frac{1}{T}\sum_{t=1}^{T} y_{it}$，$x_{it}^* = x_{it} - \frac{1}{T}\sum_{t=1}^{T} x_{it}$，$Y^* = [y_{11*}, \cdots, y_{N1*}, \cdots, y_{1T*}, \cdots, y_{NT*}]^T$ 为 y_{it}^* 整合的 $NT\times 1$ 阶矩阵，X^* 为 x_{it}^* 整合的 $NT\times k$ 阶矩阵。

第二步，令 b_0 和 b_I 分别为 Y^* 和（$I_T\times W$）Y^* 在 X^* 上的最小二乘法估计，e_0 和 e_1 为对应的残差向量。P 的极大似然估计可以由下面的公式计算得出：

$$\ln L = C - \frac{NT}{2}\ln[(e_0^* - \rho e_1^*)^T (e_0^* - \rho e_1^*)] + T\ln|I_N - \rho W|$$

其中，C 为常数，不受 ρ 的影响。这个对数似然函数有唯一解，其关于 ρ 是凹的。

第三步，计算 β 和 σ^2，得出 ρ 的估计值。

$$\beta = b_0 - pb_1 = (X^{*T}X^*)^{-1}X^{*T}\ [Y^* - \rho(I_T \times W)Y^*]$$

$$\sigma^2 = \frac{1}{NT}\ (e_0^* - \rho e_1^*)^T\ (e_0^* - \rho e_1^*)$$

第四步，构造机关回归参数渐进方差矩阵。根据 Elhost 和 Freret① 的研究方法将矩阵构造如下：

$$Asy.Var\ (\beta,\ \rho,\ \sigma^2)\ =$$

$$\begin{bmatrix} \frac{1}{\sigma^2}X^{*T}X^* & 0 & 0 \\ \sigma^2 X^{*T}(I_T \times \widetilde{W})\ \ X^*\beta & \text{trace}(\widetilde{W}\widetilde{W} + \widetilde{W}^T\ \widetilde{W}) + \frac{1}{\sigma^2}\beta^T X^{*T}(I_T \times \widetilde{W})X^*\beta & 0 \\ 0 & \frac{T}{\sigma^2} & \frac{NT}{2\sigma^4} \end{bmatrix}$$

其中，$\widetilde{W} = W(I_N - \rho W)^{-1}$，trace 指一个矩阵的迹。

二、我国区域工业环境效率影响因素的选择及其作用机理分析

（一）影响因素选择

从工业发展技术水平、效率水平、能源和环境约束等众多因素来看，影响区域工业环境效率的因素有很多，在空间计量回归模型中我们不可能一一考量。由于受空间计量模型的约束以及研究能力的限制，本书选择的区域工业环境效率影响因素主要来源于两方面：第一，总结目前的研究文献，选择学者们公认的已有的影响因素进行整合分析；第二，基于评价我国区域环境效率的投入产出指标体系，从我国建立资源节约型和环境

① Elhorst J. P.，Freret S. Evidence of political yardstick competition in France using a two-regime spatial Durbin model with fixed effects [J]. Journal of Regionnal Science，2009，49（5）：931-951.

友好型社会以及经济、环境和谐发展的实际角度出发来选择合适的影响指标。从上面两个角度出发，本书选择了六个方面的影响指标：区域经济发展水平、工业化阶段、对外开放程度、政府环境规制、技术创新、环保意识。

（二）各影响因素的作用机理分析

1. 区域经济发展水平

在经济发展水平即当地的 GDP 与环境污染和能源消费的关系上，学者们的研究和目前存在的相关文献都较多，最著名的成果就是环境库兹涅茨曲线。环境库兹涅茨曲线认为环境污染和经济发展呈倒 U 型的曲线关系。工业发展进化的规律是先经历高污染高消耗，再采用环境保护与清洁能源利用从而最终达到工业经济发展与环境保护双赢的发展目标。很明显，目前我国工业发展尚处于由高污染高消耗向低排放低消耗发展的转折点。另外，也有部分文献用脱钩理论来探讨环境污染排放与经济发展之间关系的强弱，得出的结论不太统一。总体来说，目前学术界对于经济发展水平与环境污染排放之间的关系尚未形成统一的定论，但是基本一致认为的是，在工业经济发展的不同阶段，环境污染排放的水平有相对大的差异。大多数学者都普遍认为在工业发展的初期，由于工业规模较小，造成的污染也不大。但是随着工业发展规模的扩大，工业产品种类的增加，大多数企业都会选择以牺牲环境为代价来提高工业生产值以满足消费者的需求。随着经济的进一步发展，当环境污染到一定程度，工业发展受到的制约因素就会增多，政府为了治理环境污染会出台一系列政策规制来约束高能耗产业的发展，消费者趋向于选择绿色和低碳产品。目前我国经济发展已进入新常态，工业规模的增加将继续影响环境系统，最终影响环境效率。

2. 工业化阶段

工业化阶段一般可通过工业产业结构状况来反映。根据产业结构的概念，其通常是指不同细分产业的构成及各细分产业之间的联系和比例关系。因此，所谓的工业产业结构就是工业产业内部各工业细分行业的构成及其相互之间的联系和比例关系。从发达国家的历程来看，工业化进程一般可分为三个阶段：第一阶段主要是以轻工业为中心的发展阶段。第一次工业改革的英国等欧洲发达国家的工业化就是从纺织、粮食加工等轻工业起步的。第二阶段主要是以重化工业为中心的发展阶段。在这一发展阶段，化工、冶金、金属制品、电力等重化工业都有了很大发展，但发展最快的是化工、冶金等原材料工业。第三阶段主要是以工业高加工度为主的发展阶段。其发展历程主要是：在重化工业发展阶段的后期，工业的发展对原材料的依赖程度明显下降，这时机电工业的增长速度会明显加快，其对原材料的加工链条也会越来越长，零部件等中间产品在工业总产值中所占比重迅速增加，工业生产出现"迂回化"特点。以上三个阶段，基本描述了历史上发达国家以及我国工业化过程中工业结构变化的情况，但并不是每个国家、每个地区都会完全相同地顺着这个过程来发展。目前，我国尚处于工业发展的第二阶段往第三阶段转化时期，即以重化工业为主往工业高加工度发展的阶段。工业发展仍然消耗大量的煤、石油和天然气等化石能源，尤其是煤。因此，区域工业结构仍然影响我国区域工业的环境效率。

3. 对外开放程度

改革开放以来，外商直接投资（Foreign Direct Investment，FDI）对我国经济建设特别是工业化起到了极大的促进作用。但是在工业化进程推进中造成的环境恶化也与外商投资有一定的联系。对于 FDI 和环境污染之间关系的研究文献也比较多。目前主要存在两种观点：污染避难所和污染光环。"污染避难所"假说是 1994 年由 Copeland 和 Taylor 提出的。该假说认为在国家或区域之间进行自由贸易的过程中，经济相对发达的国家和地区会想方设法将高污染高耗能的工业产业或项目逐渐转移到环境规制成本相对低的发展中国家和地区，这样就可以在减少本国污染排放的同时相对提高东道主国的污染排放。目前，我国在全球化进程中充当着世界工厂的角色，美国、欧洲和日本等发达国家将研发、设计和销售设立在本国，而将生产加工这一高耗能高排放环节转移到中国。而且，外商在选择投资区域的时候，一般倾向于投资我国环境规制宽松的区域，从而将一些高污染高耗能的工业产业或者项目转移过来，这就是国外所谓的污染避难所。另外一些研究认为虽然从国外发达国家转移过来的技术在发达国家已经逐渐被淘汰，但是相对于我国目前的工业技术而言，还属于比较先进的技术，因此，从一定程度上说，这种技术和项目引进可以降低我国的环境污染水平，从而表现出“污染光环”效应。

4. 政府环境规制

政府的行政干预等环境规制在解决我国工业发展中的能源匮乏和环境污染问题时一直具有不可替代的作用。这主要是由于环境问题具有的外部性特征，私人和企业在解决这些问题方面往往无能为力或者作用很小，只能依靠政府的作用。一般来说，政府的干预手段主要分为三类，包括命令控制型的干预、经济激励型的干预和公众参与型的干预。一些研究认为，环境规制政策可以从一定程度上促使企业提高对技术创新的投入力度，最著名的就是波特假说。波特假说是 1991 年波特对传统的经济学框架提出的挑战，该假说认为环境规制不但不会增加企业的成本，反而会从一定程度上促进企业的技术创新，从而提升企业的竞争力水平。到 1995 年，波特和范德林德又对该假说进行了一定的完善，详细地阐释了环境保护提升企业竞争力的机理。1997 年，Plamer 又从理论和实证角度验证了波特假说，并将波特假说进一步细分为强波特假说、弱波特假说和狭义波特假说。如图 10-1所示：

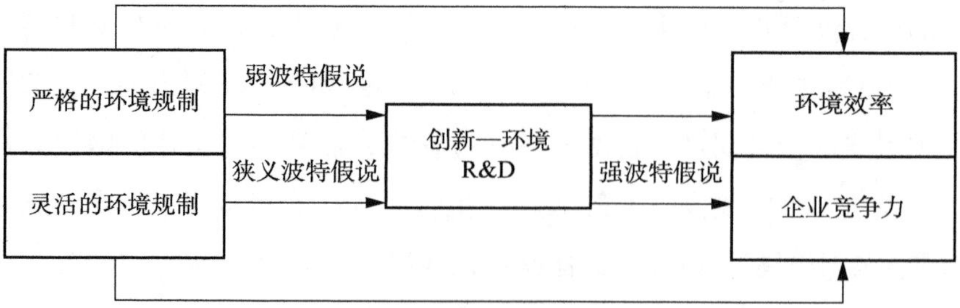

图 10-1　环境规制与创新关系

波特假说提出以后，相当一部分国内外学者基于不同的研究对象和面板数据对该假说进行了验证，从而探究环境规制与环境效率之间的阈值。关于波特假说的实证验证结果主要有两种观点。第一种观点认为波特假说并不存在，环境规制会从一定程度上导致企业技术效率的下降。如 Barbera 和 McConnell 通过研究 1960—1980 年美国钢铁业、化工业等，发现企业有 10%左右的利润损失可归结为污染治理投资。① 第二种观点认为存在波特假说，即环境规制政策可以从一定程度上对企业效率的提升产生积极影响。如 Brunner Meier 和 Cohen 实证分析了美国制造业技术创新与环境规制关系，结果表明环境规制对产业技术创新有微弱的正相关影响。② 第三种观点认为环境规制与企业效率的关系并不确定。如 Alpay 等通过探讨环境规制对美国和墨西哥食品加工厂生产率的影响，发现环境规制对墨西哥工厂的生产率影响为正，而对美国工厂的生产率影响为负。③ 沈能和刘凤朝对中国 30 个省份进行研究，发现环境规制呈现明显的区域差异。从以上研究可以看出，政府干预对环境效率的影响尚未确定，需要通过实证分析进一步研究。

5. 技术创新

技术的创新、技术水平的提高是解决我国以及所有国家能源和环境问题的核心。在 2016 年欧盟委员会发布的全球研发企业排行榜中，美国的企业研发投入比例最高，占全球的 38.6%，其次是日本、德国和中国。技术的创新和技术水平的提高对环境效率和环境全要素生产率的提升起着十分关键的作用，一方面通过技术创新以及技术水平的提高可以提升能源利用率，另一方面技术创新和技术水平的提高也可以减少生产中的污染物排放。但是在发展过程中的技术进步初期也可能出现一些“回弹效应”。目

---

① Barbera A. J. , McConnell V. D. The impact of environmental regulations on industry productivity: direct and indirect effects [J]. Journal of Environmental Economics and Management, 1990, 18 (1): 50-65.

② Alpay E. , Kerkvliet J. , Buccola S. Productivity growth and environmental regulation in Mexican and US food manufacturing [J]. American Journal of Agricultural Economics, 2002, 84 (4): 887-901.

③ 沈能，刘凤朝. 高强度的环境规制真能促进技术创新吗？——基于“波特假说”的再检验 [J]. 中国软科学，2012 (4): 49-59.

前，已有较多的学者通过统计数据实证研究技术进步和环境效率之间的关系。Jaffe 等认为技术进步对环境污染可能产生双重作用。相较于国外学者，国内学者的研究起步较晚，但是成果颇多。这些研究结果使人们认识到，无论基于哪一种路径，技术创新一般都会对减少污染物的排放起到积极作用，因此一般都会提升区域工业环境效率和环境全要素生产率。

6. 环保意识

环境问题归根到底还是人为问题，其本源还是在于人或者以人为主体的企业将本来比较合理的环境资源结构通过生产和经济发展破坏为相对不合理的环境资源结构。正因如此，在区域工业环境效率和全要素生产率影响因素分析中一定要考虑“人”的因素。之前较多学者通过一系列的实证和理论研究证实了环保意识和环保行为之间存在一定的正相关关系。可见，环保意识的提升有助于公众自觉参与环保行动、自觉购买环保产品、监督企业污染行为，从而有利于环保政策的实施，以及提升省际工业环境效率和环境全要素生产率。

三、我国区域工业环境效率影响因素的实证分析

（一）影响指标的选择和数据来源

本书从区域经济发展水平、工业化阶段、对外开放程度、政府环境规制、技术创新、环保意识六个方面研究区域工业环境效率的影响因素，变量定义如表 10-1 所示：

表 10-1 各影响因素指标的定义及其简称

影响因素指标	指标简称	单位	具体定义
区域经济发展水平	GDP	万元/人	区域人均 GDP
工业化阶段	IS	%	重化工业产值占工业产值比重
对外开放程度	FDI	%	各区域实际利用外资占 GDP 比重
政府环境规制	HG	%	环境污染治理投资额占 GDP 比重

续表

影响因素指标	指标简称	单位	具体定义
技术创新	TP	%	区域研究投入总量占 GDP 比重
环保意识	EC	年/人	人均受教育年限

本书的研究对象为中国大陆省份（西藏自治区数据不全，除外），研究期间为 2006—2018 年，数据来源于中国统计局网站、《中国环境年鉴》、《中国科技年鉴》。

（二）我国区域工业环境效率空间计量模型的构建

运用 2006—2018 年我国区域面板数据，对区域工业环境效率的影响因素进行分析。以区域工业环境效率值为被解释变量，将经济发展水平、工业化阶段、对外开放程度、政府环境规制、技术创新和环保意识作为解释变量。为了比较分析，下面分别建立了传统 OLS 回归模型和空间面板数据回归模型。

1. 模型选择

基于截面数据的空间回归经济模型样本数据量少，造成自由度偏低，结果不理想。基于面板数据的空间计量经济模型不仅考虑了样本变量之间的空间效应，还考虑了时间因素和截面因素，结果相对来说比较理想。因此，以下将采用基于面板数据的空间计量模型来对我国区域工业环境效率和环境全要素生产率的影响因素进行实证分析。

在构建我国区域工业环境效率影响因素的空间计量回归模型之前，首先要选择合适的计量模型。

第一步，空间自回归模型和空间误差模型的选择方法。

从图 10-2 可以看出，选择空间计量经济模型的步骤一般是：第一步，不考虑空间相关性，采用传统的 OLS 回归模型进行普通回归，同时用检验系数检验该计量模型的空间相关性，分析 LM-lag 与 LM-error 的显著性。如果两个指标都不显著，就可以直接采用传统的 OLS 回归模型进行实证分析；如果 LM-lag 显著，则适合采用空间的自回归模型；如果是另外一个

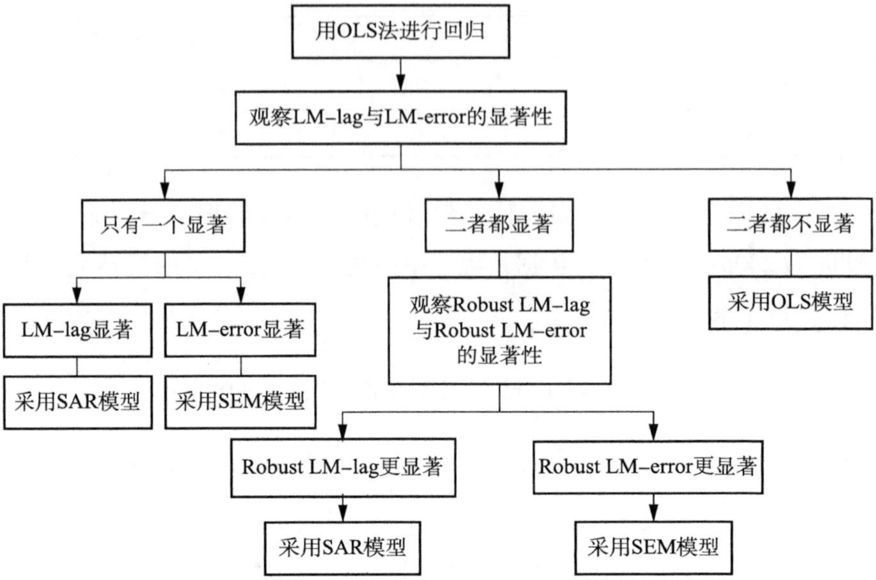

图 10-2 空间计量经济模型的一般选择过程

系数 LM-error 显著，则适合采用空间的误差模型；如果两者都显著，则需继续分析 Robust LM-lag 和 Robust LM-error 的显著性。如果 Robust LM-lag 比 Robust LM-error 更为显著，则适合采用空间自回归模型；反之，则适合采用空间误差模型。

第二步，面板随机效应和固定效应的选择方法。

理论上，面板随机效应与固定效应的选择方法存在两种：一种是用固定效应模型来进行计量分析，而后进行似然比 LR 检验分析，如果检验统计量能通过 5%的显著性水平检验，则采用固定效应模型，否则采用随机效应模型；另一种方法是相反的，即用随机效应模型来进行计量分析，并进行 Hausman 检验，如果 Hausman 检验统计量能通过 5%的显著性水平检验，就选择随机效应模型，否则就选择固定效应模型。

2. 估计结果

为了更清晰地对比这两种方法存在的不同点和相同点，以下分别运用了传统的面板数据计量模型和空间面板数据计量模型进行回归分析。基本的回归结果如下式：

$$Y=\alpha_0+\alpha_1(GDP)_{it}+\alpha_2(IS)_{it}+\alpha_3(FDI)_{it}+\alpha_4(HG)_{it}+\alpha_5(TP)_{it}+\alpha_6(EC)_{it}+\varepsilon$$

其中，Y 为被解释变量，α_0 为常数项，α_1、α_2、α_3、α_4、α_5、α_6 分别为六个变量的回归系数，i 为区域（省份）个数，$i=1, 2, 3, \cdots, 30$，t 代表时间变量，$t=2006, 2007, \cdots, 2018$，$\varepsilon$ 为残差项。为消除变量之间的异方差和增强面板数据的平稳性，各变量取对数。

3. 空间面板计量模型选择结果

面板数据的非平稳性会使计量结果出现偏差，因此，在采用面板数据进行实证分析之前，首先要进行数据的平稳性检验。面板数据进行平稳性检验的方法包括 IPS 检验、PP-Fisher 检验、ADF-Fisher 检验以及 LLC 检验等。为了在一定程度上保证检验结果的稳健性，本书分别采用这四种常用的方法进行了平稳性检验，结果显示变量的一阶差分在 1%的显著性水平下通过了 PP-Fisher、ADF-Fisher、LLC 以及 IPS 四种面板单位根检验。由此可以得出，我国区域工业环境效率影响因素变量都是一阶单整，这样就可以进行下一步的实证分析。

首先，对模型进行传统的面板数据回归分析。从前面的内容中可以看出，在构建传统的最小二乘法面板回归模型之前，首先要根据 Hausman 检验结果来确定应该采用固定效应模型还是随机效应模型。对我国区域工业环境效率的影响因素数据进行 Hausman 检验，结果显示，面板数据模型的 Hausman 检验统计值为 85. 349，通过了显著性水平为 1%的检验，拒绝原假设（采用随机效应模型），因此对我国区域工业环境效率进行影响因素的传统最小二乘法面板数据回归应该选择固定效应模型。

其次，还需要对面板分析模型的空间溢出效应进行实证检验。为此，采用 Matlab 软件对样本数据进行普通最小二乘回归分析；与此同时，对模型进行了 LM－lag、LM－error、Robust LM－lag、Robust LM－error 以及 Moran's I检验。首先，根据 Moran's I 检验结果判断模型变量之间是否具有空间相关性。结果显示，Moran's I 为 0. 1903，通过了显著性水平为 0. 01 的检验，因而拒绝原假设（不存在空间效应），即我国区域环境效率具有显著的空间依赖性，有必要构建空间计量经济模型。然后，根据 LM-lag、

LM-error、Robust LM-lag、Robust LM-error 4 个统计量值及其显著性来判断应该选择空间自回归模型（SAR）还是空间误差模型。LM-lag、LM-error 两个统计量都在 0.1 的显著性水平下通过了检验，继续比较 Robust LM-lag、Robust LM-error 的显著性水平，发现 Robust LM-lag 的统计量值比 Robust LM-error 的显著性水平更高，由此，最适合采用的模型是空间自回归模型。

根据以上模型选择结果，本书选择具有空间和时间双固定效应模型的空间自回归模型对我国区域环境效率的影响因素进行了计量分析。

4. 空间自回归系数的计量结果分析

根据时间和空间双固定的 SAR 模型的计量结果，空间自回归系数 ρ 的估计值为 0.1584，并通过了显著性水平为 1%的检验，且符号为正。这说明我国区域环境效率之间具有明显的正向空间相关性，与预期相一致，这也进一步确定了样本数据更适合空间计量模型而非传统面板数据模型。具体来说，环境效率较高的省份，周围相邻省份在其正向影响下，环境效率水平也会相对较高，反之亦然。也就是说我国区域环境效率之间呈现局部俱乐部的特点，相邻省份间的环境效率水平具有空间依赖性：一个省份的环境效率评价值不仅与其工业发展水平、地方政府的环境规制以及技术进步等因素有关，而且在一定程度上受到空间特征相似的相邻省份的影响。主要原因在于，目前我国的市场经济体系日趋完善，区域之间的开放程度逐步扩大，生产要素的空间流动性也随之加大，不同省份之间的联系越来越紧密，由此出现区域工业环境效率相互依赖的现象是必然的。这对我们的启示是，各省份应该加强与环境效率评价值较高的相邻省份之间的交流合作，学习其先进的节能减排技术和科学管理经验，共享环境保护成果。在这种情况下，也可能使某些地方政府产生“搭便车”心理，并且转移污染产业，从而不利于工业发展、环境保护双赢的可持续发展。

（三）我国区域工业环境效率影响因素分析

1. 经济发展水平

根据区域工业环境效率影响因素的空间计量结果，2006—2018 年，经济发展水平对我国区域工业环境效率起到正向促进作用。经济发展水平指标的估计系数是0.4712，t统计量值为2.4785，通过了1%的显著性水平检验。这表明区域经济发展水平每提高1个百分点，工业环境效率水平就会提高0.4712个百分点。该实证结果和环境库兹涅茨曲线假说相一致：随着经济发展水平与人民生活水平的提高，人们的环保意识会逐渐增强，对环境质量的要求也日渐提高，这将减少部分环境污染事件，从而提高区域工业环境效率。由此也可以反映出现阶段我国总体经济增长质量较好，粗放型的经济增长方式已经得到了很大改善，转变经济发展方式的工作取得了一定进展。

2. 区域对外开放程度

根据区域工业环境效率影响因素的空间计量结果，区域对外开放程度的估计系数为-0.9385，t统计量值是-5.0193，通过了1%的显著性水平检验。这表明2006—2018年，区域外商投资显著降低了当地工业环境效率水平，不利于工业经济增长和环境保护“双赢”的实现。目前，我国很多工业基础相对薄弱的区域和省份还是主要依靠外资的拉动来进行经济发展，特别是进行工业经济的发展，政府和企业都盲目追求GDP的高增长，从而以牺牲环境为代价大力发展经济，从先进国家和地区引进了大量的高能耗、高排放等污染性很强的产业或者项目，导致“污染避难所”的负面作用远远超过了外商直接投资对经济增长的正向作用，这显然会在一定程度上导致区域工业环境效率水平和环境全要素生产率水平的下降。从不同工业分行业对外商的利用额度来看，目前在我国实际引入的外商直接投资中有将近一半还是属于高污染排放、高能源消耗的工业行业。从区域对比来看，当前我国多数中西部省份的经济发展水平还不是很高，劳动力成本与发达国家和地区相比仍然处于相对较低的水平，这确实成了发达国家和地区包括我国东部沿海发达省份“低级污染产业”转移的承接地，从而严重阻碍了区域工业增长、环境保护的双赢模式和协调可持续发展。

3. 政府环境规制

根据区域工业环境效率影响因素的空间计量结果，政府环境规制影响因素的空间计量回归系数为-0.0351，t统计值为-2.3109，通过了显著性水平为10%的检验。这表明当地政府的环境治理投资不仅没有推动当地工业环境效率水平的提高，反而产生了一定程度的负向影响。根据该回归结果可以认为，波特假说短期内在我国是无法成立的，与此同时，政府环境治理投资会在一定程度上增加工业企业的生产成本。此外，大部分省份存在对环境污染治理投资利用率较低的情况，同时也挤占了资本在其他领域的投资，这些因素对区域工业环境效率的负向作用大于其产生的“刺激技术创新”“提高环保意识”等方面的正向作用。当然，出现这种结果可能也是由于计量模型无法包含所有影响区域工业环境效率的因素，总之，这种负向影响或许是多种因素综合作用的结果，从而在实证结果上显示出研究期间政府环境规制因素并没有促进区域工业环境效率的提高。这种现象可能是由以下原因造成的：首先，我国各级政府的污染治理投资结构不是十分科学，有一部分省份的地方政府可能把资金用于一些“面子工程”，资金不能够切实被用于治理环境或者节能减排。其次，政府部门对环境保护和治理的监管不是很到位，监管缺乏长期有效的监督机制，导致一些已经建成的环保设施使用效率不高，这就在一定程度上降低了污染治理投资可以产生的效益，不能达到预期的节能减排目标。再次，大部分省份的污染治理投资比例相对于其污染排放量来说仍然严重不足，而且年份之间也存在较大的波动，缺乏持续性的环境污染治理投资，所以治理投资能够产生的影响和效果一般较小；2019 年全国环境污染治理投资总额占我国 GDP 的比重不足 2%，这对于遏制我国工业环境污染所起的作用实在是微乎其微。最后，部分地方政府的环境治理态度还不够端正，环境治理投资一般都是针对已有的污染排放进行事后的处理，这种管理模式并不能刺激企业使用先进的绿色环保技术，因而治标不治本。鉴于此，我国只有采取更加严格的环境规制措施，才能从根本上解决能源使用效率低下与节能减排技术落后的问题，真正发挥环境治理投资的作用。从而从各个方面促进我国工业环境效率水平的提高和环境全要素生产率的增长。

4. 工业结构化因素

根据区域工业环境效率影响因素的空间计量结果，工业结构化影响因素即区域重化工业占区域工业比重的估计系数为-1.0019，t统计量为-4.4987，通过了10%的显著性水平检验。这说明工业结构因素在一定程度上会阻碍区域工业环境效率的提高，与预期相符。工业中的重化工业是能源消耗和环境污染的重点行业，其对生产率的正向作用会抵消其对能源消耗和污染排放的负向作用，但是总效用仍然为负。此外，工业结构化因素在不同省份之间可能存在“模仿效应”，也就是说，如果某个省份提高了重化工业的比重，由此推动了本省工业产值的提高，周边省份受其影响可能也会采取相似的经济发展模式，这样也会降低周边省份的工业环境效率水平。根据本书的研究结果，重化工业产值占工业总产值的比重每上升1个百分点，区域工业环境效率会下降0.19个百分点，也就是说重化工业产值占工业总产值的比重越大，越不利于实现工业增长和能源环境协调发展的双赢和平衡。鉴于此，我国各省份都要进一步加快工业结构的优化升级，提高工业产品的技术含量，降低能源消耗和污染排放，促进工业与能源、环境协调发展，实现新型工业化和可持续发展的良性互动。

5. 技术创新因素

根据区域工业环境效率影响因素的空间计量结果，技术创新因素对区域工业环境效率的估计系数为0.1815，t统计值为2.8765，通过了显著性水平为10%的检验。这表明区域工业环境效率水平总体较低的主要原因之一就是技术水平较低、工业生产设备和管理模式比较落后。生产设备的更新、绿色技术的发展都依赖于技术进步，而要提高技术水平，就需要加大研发投入力度。技术进步的驱动作用一方面表现在能源利用效率的不断提升上，另一方面表现在区域工业绿色生产技术的应用上。两种机制的共同作用会造成能源利用率提高和污染排放率降低。特别是西部地区，由于其研发投入远远低于全国平均水平，仍面临科技基础薄弱和科研成果转化率低的问题，因此，西部省份应调动企业创新的积极性，加强科技人才培育，国家也应该加大对西部地区的科技投入力度，使其在技术水平上逐步缩小与东部发达地区的差距，进而提升西部地区的工业环境效率。

6. 环保意识

根据区域工业环境效率影响因素的空间计量结果，环保意识对区域工业环境效率的估计系数为 0.2478，t 统计值为 0.8218，未通过显著性水平检验。这可能是由于在研究过程中，鉴于数据的可得性，以教育年限来衡量环保意识的方式并不完全合理。在实际生产生活中，我国每一个公民的消费行为都会对环境产生一定的影响，环保意识不仅是公民素质水平高低的体现，更是衡量我国文明程度的标尺，因此，需要逐渐将公民的环保意识转化为提高环境管理能力的动力，这样才能从每一个经济主体的消费行为上提高我国工业的环境效率和环境全要素生产率水平。

四、本章小结

本章采用空间计量模型对我国区域工业环境效率的影响因素进行了实证分析，主要包括以下几个方面：

（1）介绍了空间计量的几种不同模型方法，并对选择回归模型的方法进行了分析。

（2）在归纳文献以及深入分析区域工业环境效率内涵的基础上，从区域经济发展水平、工业结构化水平、对外开放程度、政府环境规制、技术创新和环保意识六个方面的因素，分析了各因素对区域工业环境效率的影响机理。

（3）根据数据检验结果，采用空间计量模型中的中间自回归模型对我国区域工业环境效率影响因素进行回归分析，并对回归结果与预期水平进行了比较，据此提出促进区域工业发展与能源环境协调的措施。

第十一章

提高我国区域工业环境效率的政策建议

从前文对我国区域工业技术效率和环境效率的测度、差异性分析的结果可以看出，由于各省份工业环境效率存在较大差异，因此应该制定差别化的工业环境效率增长政策。由第十章对我国区域工业环境效率的影响因素实证分析结果可以看出，各影响因素对区域工业环境效率的作用方向和大小都不相同，影响机理也千差万别，因此应根据其影响机制来考虑提高区域工业环境效率的政策措施。

一、制定差别化的区域环境效率提高政策

根据第九章的实证分析结果可知，我国区域工业环境效率存在显著的空间正相关和空间异质性，不同省份的工业环境效率增长水平及其收敛趋势存在不同，因此其工业与环境的协调性就存在不同。加之不同省份在地理位置、资源禀赋、技术创新、工业结构等经济发展条件上也具有很大的差异，由此，结合我国区域地理空间特征和工业梯度发展转移模式，因地制宜地实施差别化的区域环境经济政策，统筹不同省份工业环境效率的增长，对于实现我国区域经济协调、环境经济协调的可持续发展具有十分重要的意义。

（一）充分发挥东部沿海发达省份的示范带头作用

从第七章我国区域工业环境效率的测度结果可以看出，中部和西部省份的工业环境效率与东部省份存在较大差距，并且这种差距还有继续扩大

的趋势。鉴于此，在不同区域发展过程中应该充分发挥东部省份的优势，使其可以成为中西部省份的示范标杆。东部沿海如广东省、上海市、江苏省、浙江省等发达省份对我国整体工业环境效率水平具有明显的拉动作用。因此，要想促进我国整体工业环境效率水平的提高，必须首先保障东部沿海发达省份工业环境效率水平的稳步提高，并使其通过示范作用，促进中西部工业发展和技术水平落后省份向东部沿海发达省份集聚，辐射、引领其他省份以带动全国整体工业环境效率水平的提高。

另外，东部沿海省份在地理位置、人才素质、技术水平、工业经济基础设施等方面都显著优于国内其他省份，因此，这些东部沿海发达省份应该充分发挥其存在的现有优势，构建包括“产学研”一体化的混合生产体系。采取各种措施进一步优化工业生产资源的配置、调整和优化升级工业结构、研究开发工业生产可以利用的高新环保技术、更新和改造落后工业企业和行业的生产设备，将其在技术创新、人力资本、资源禀赋、对外开放程度、环保意识等方面的优势真正转化为区域工业环境效率水平的提高。

（二）着力提升中西部省份工业环境效率，缩小其与东部省份的差距

要继续大力采取措施促进和提升中西部落后省份的工业环境效率，缩小其与东部优势省份的差距，使我国区域工业能够相对比较均衡地发展。从前面章节中的工业环境效率测度结果和空间差异性分析结果可以看出，中西部大多数省份的工业环境效率水平及其增长率具有明显的劣势，工业发展与环境的协调程度具有较强的不可持续性。由此，中西部省份应该加快部署增长工业环境效率的赶超战略，努力缩小其与东部沿海优势省份之间的差距。国家也应该对中西部省份实行一定的倾斜政策，特别是在人才培养、高水平人才引进、研发创新经费投入等方面加强扶持支持力度；另外，还要重视中西部省份的工业基础设施建设，促进中西部省份的工业结构优化升级以及工业发展与环境的协调；同时，中西部省份还应该通过多种手段加强与东部优势省份的交流合作，主动接受东部优势省份的辐射；

最后，中西部省份也具备自身的天然优势，如在劳动力和自然资源禀赋方面，因此，应该充分发挥其具备的这些优势，利用这些优势开展与东部沿海发达省份的专业化分工和合作，学习吸收发达省份先进的绿色技术和管理模式。

（三）重视空间效应，协调区域工业均衡发展和工业环境效率同步增长

重视空间效应，促进劳动、资本、技术等生产要素的跨省份合理流动。通过第八章区域工业环境效率的收敛性验证可知，我国区域工业环境效率没有显著的绝对收敛趋势，各省之间的差距不会自动消失，并且存在高—高、中—高、中—低、低—低等多种类型集聚的现象，这对于工业环境效率较低的省份来说是很大的劣势，不利于工业发展、环境保护的和谐共赢。从第九章的区域工业环境效率的空间差异性分析结果可以看出，区域工业环境效率具有显著的空间依赖性，相邻省份的工业环境效率会相互影响。因此，各地方政府应该摒弃地方保护主义的观念，加强不同省份间的交流合作，这些都有助于环境保护相关技术的创新与环境执法部门管理水平的改进，充分发挥出各省份的资源禀赋优势，共享环境保护成果；从第十章区域工业环境效率的影响因素的空间计量分析结果可知，要进一步发挥正向影响因素的空间溢出效应，引导先进环保技术、高水平人力资本、先进管理模式、配套资金等生产要素由发达省份向西部落后省份的流动，形成合作共赢的良性循环发展模式。同时，遏制负向影响因素的空间溢出效应，避免邻近省份对本省工业环境效率的提高产生不利影响。

二、转变粗放式的工业增长模式，提高工业增长质量

在转变工业增长模式方面，我国虽然取得了一定的进展，但粗放式的增长模式尚未完全改进，高能耗、高污染仍然是我国工业发展的实际情

况。由此，进一步推动工业增长模式由粗放型向集约型转变仍是提高我国区域工业环境效率的重要路径。

（一）提高工业增长质量，使增长观由“以物为本”转型为“以人为本”

我国大部分省份尤其是中西部省份工业的发展仍然主要表现在工业规模的扩大，工业增长质量即工业技术水平和效率水平有待提高。因此，各级政府应该转换工作重心，不再以 GDP 作为考察政绩的唯一指标。将能源环境因素纳入国民经济统计中，进行绿色 GDP 核算，更为科学客观地衡量工业经济和能源环境状况；并将绿色 GDP 作为各地方政府政绩考核的重要指标，使各省份的工业增长从单纯的规模扩张转化升级为工业发展质量的提高。

因此，为了提高我国经济增长质量，就要树立“以人为本”的发展观，在经济发展过程中注重人的全面发展，提高医疗教育水平、改善生态生活环境、健全基础设施与公共服务等与人的全面发展相关的问题。通过知识创新与技术改进等途径提高要素效率，重视宏观经济的稳定性和协调性。

（二）创新建立一种生态经济发展模式，即源头控制—过程控制—成果控制的模式

首先，实行“源头控制为主，末端治理为辅”的工业经济可持续发展模式。其次，加强过程控制，推行“循环经济”与“成本内化”的发展模式。加大生产过程中的节能减排力度是实现经济向绿色、清洁、安全方向转变最重要的环节。最后，加强对工业成果的控制，开发绿色产品，发展功能经济与分享经济。各省份应该根据自身禀赋开发具有地区特色的绿色产品以获取经济利益。功能经济是指以“节约资源、循环利用”为原则，在提高产品质量的同时减少产品数量，生产耐用性高、使用寿命长的产品，以提高资源利用率、降低物质消耗。具体来说，各省份可以推行“集约使用”设施（诸如公共交通、污染治理设备等），并鼓励二手产品交易

等。分享经济是对闲置的车辆、服务、房屋和时间等进行利用、共享，从而产生经济价值。当前互联网已经成为分享经济的重要载体，尽管分享经济不直接进行商品生产，但会通过资源重新配置产生新产品，并且能刺激新的消费需求。

（三）加快工业结构调整，推动工业结构优化升级

根据区域工业环境效率影响因素的空间计量结果，在研究期间工业产业结构对我国工业环境效率的影响是显著负向的。鉴于此，应该继续推进工业产业结构调整，淘汰现存的落后产能与“僵尸”工业企业，增加高新技术产业，降低重化工业企业所占的比重，从而促进工业产业结构优化升级，提高工业环境效率。

工业包括制造业、煤气、采掘业、水的生产与供应、电力等，其中制造业所占的比重最大，所以制造业的结构调整至关重要。这些产业需要大量的技术设备和资金，我国目前的发展现状是生产设备比较落后、技术水平低下，再加上行业本身的特点，其比重的增加不利于我国工业环境效率的提高。劳动密集型工业是指依靠大量的劳动力投入进行生产、对技术和设备的依赖程度低的工业行业部门，主要包括纺织业、服装、玩具、皮革和家具制造业。其在生产制造过程中，由于资本投入少，多是一些中小型企业，技术研发和自主创新能力缺乏，不利于我国工业环境效率的提高。技术密集型工业是介于劳动密集型和资金密集型工业之间的工业部门，属于高新技术部门。在其生产结构中，技术知识所占比重大，科研费用高，劳动者文化技术水平高，产品附加价值高，增长速度快。从其特点可以看出，技术密集型工业在一定程度上具有低能耗、低污染和高效益的特点，其大量发展和所占比重的提高有利于增加我国工业环境效率水平。鉴于此，在工业结构调整过程中，应实施以下几点措施：

第一，着力发展技术密集型工业，大力发展先进制造业和高新技术环保产业。第二，减少传统的劳动密集型工业与资金密集型工业所占的比重，要加快淘汰那些落后的高能耗、高污染、高排放的三高工业企业，促进工业产业和企业的重组。第三，对于传统的支柱工业产业部门要积极改

造更新其高耗能生产设备，加快开发节能减排的先进生产技术，改变其在产业链中的低端位置、促进支柱产业高端化。总之，要按照国家部署的中国特色新型工业化道路前进，从根本上解决破坏环境的工业产业结构性根源问题。

三、积极引导外资流向，优化外资引进结构

从我国区域工业环境全要素生产率影响因素分析的空间计量结果可以看出，在研究期间 FDI 会抑制我国工业环境全要素生产率的增长。引进外资在一定程度上对我国的经济发展特别是工业发展是有益的，只是一些外资引入方式有不合理的地方才造成了对我国工业环境效率和环境全要素生产率的负作用。究其主要原因还是地方政府的考核机制。目前出于评价绩效“GDP 至上”的观点，地方政府为了增加收入，引入外资时不考虑其在价值链中的低端位置，引入大量发达国家转移过来的高能耗、高污染的低级产业，这些产业一般都处于价值链和微笑曲线的低端位置。这种引进虽然会在一定程度上增加当地的收入，但是也消耗了大量能源，付出了环境代价，对我国工业产业结构的优化升级极其不利。因此，对于引进的外资，不能不考虑其质量，一定要有选择性地引进一些高技术、绿色环保的产业或者项目，从而优化我国引入外资的产业结构，提高外资引进的质量，避免我国沦为发达国家的“污染避难所”。

（一）确定科学的政绩考核标准，提高地方政府引入外资的质量

国家政府在评价地方政府政绩时，不能单纯地只看 GDP 收入，要开展并建立绿色 GDP 的政绩考核标准。通过对地方政府考核指标体系的改变，可以在一定程度上促进地方政府摒弃以前的“只要金山银山，不要绿水青山”的错误政绩观，从而避免以牺牲环境为代价而引入大量的高能耗、高污染的低端产业。通过对地方政府考核体系的改变，可以引导其在引进外

资和引进技术时考虑资源环境因素，制定出经济、环境协调的外资利用策略，使外商投资的目标取向和政府招商引资政策的目标一致。由此，地方政府在引进外资时，就不会只重视经济效益，还会重点关注其环境效益。通过制定一些针对外商的管制措施，迫使外资企业进一步优化其资源配置、加强对污染排放物的治理；并通过加大研发投入、加快外资企业从资源密集型转变为技术密集型，改变其使用我国廉价资源和廉价环境要素的不良动机。发达国家的绿色环保与能源节约技术比较先进，地方政府应该重点引进国外先进的绿色生产技术和生态经济模式，以此提高我国的外资利用质量。可以出台相应的优惠政策引导外资流向高新技术产业、清洁能源产业等环保领域；同时通过提高税收等措施限制大量外资流向高能耗、高污染的重化工业领域。以出口高科技含量的产品取代初级工业品，从而提高我国工业产品的国际竞争力，减少发达国家进行贸易环境污染转移的机会，促进我国工业环境效率的提高。

（二）加强对外资企业的环保审批管制，建立针对外资企业的环境监督体系

首先，我国环保部门在环境管制以及环境执法的过程中，要平等地对待我国本地企业和外资企业，不得以“优惠待遇”为诱饵来刺激外资企业投资。在引进外资时应要求其具备一定的环境标准，增加与环境保护相关的协议。其次，逐渐改变我国目前环境检测技术标准偏低的现状，加快我国环境监测技术标准与国际环保标准的接轨，促使外资企业像在其母国一样在生产过程中遵守相关的环保规定，减少污染物的排放。再次，针对外资企业的污染排放状况，各级环保执法单位应该充分利用我国现有的环境法律法规，加大对外资的环境执法力度，对外资企业在生产过程中的各种环境违法行为要更加严厉地打击。最后，选派环境监督人员进入外资企业，对外资企业的整个生产过程进行全程监督，及时发现并上报其能源浪费和污染排放等情况，迫使外资企业严格遵守我国相应的环境法律和环境标准。

四、调整各级政府环境规制措施，保持环境政策的统一性和连贯性

从我国区域工业环境全要素生产率影响因素分析的空间计量结果可以看出，在研究期间政府环境规制因素对我国工业环境效率的影响是负向的，这充分表明了政府的环境规制没有起到应有的作用，环境治理投资的作用没有发挥，波特假说在我国不成立。原因可能在于我国环境规制的政策制定和执行都存在很多缺陷，因此必须加快调整各级政府的环境规制政策，让环境规制起到应有的作用，从政策上促进我国工业环境效率的提高。

（一）构建包括价格政策、税收政策以及微观刺激在内的环境规制政策体系

在价格政策方面，推行绿色价格政策，根据资源、能源的真实价值调整目前工业产品的价格，使其能够与国际市场的价格波动和增长保持同样的趋势。在与环境相关的税收政策方面，要加快进度完善排污费、环境税、能源税等税种的征收制度，可以针对不同的行业部门实施差别税收、阶梯税率等政策，促使工业企业节约能源、提高能源利用效率、减少污染排放。在刺激激励政策方面，首先，从信贷投资制度上，加大对节能环保项目的投资力度，对其成立和扩大规模提供优惠的贷款利率和还款条件；其次，通过发行中长期债券、进行财政补贴等一系列措施解决大型环保项目的资金问题；再次，推行绿色倾斜策略，对于高能耗、高污染的工业工程项目，拒绝或减少为其贷款；最后，健全政府的环保激励机制，引导工业企业自主创新、利用清洁生产技术，提高能源利用效率，从而促进我国工业环境效率水平的提高。

（二）调整环境政策执行机制，实施连贯性的环境规制政策

我国各级政府部门应该合理使用环境污染治理投资，加大对污染治理

投资的监管力度，构建环保投资绩效评价体系并进行全方位的督查，保证投入的环保治理资金能够真正对污染治理起到应有的作用；消除地方政府进行环境规制的政策应对性心理，实施具有连贯性、一致性的环境规制政策；健全环保执法的内部监督机制，切实执行环保执法监督制度；完善环境政策实施的保障机制，加强环境政策的可操作性；健全环保执法的外部监督机制，强化各级监察机关的审判监督，并接受社会公众的舆论监督；健全民主考核评议制度与行政执法责任制，提高环境执法工作人员的业务水平和综合素质；把直接管制和经济手段结合起来，加强政府的激励引导与政策扶持力度，调动企业进行节能减排的积极性；加强教育宣传，提高全体社会公众的环保意识。

（三）科学界定政府环境规制范围

根据经济学理论可知，政府对经济活动的过度干预会导致效率损失，不利于我国工业环境效率水平的提高，因此，要合理控制政府的干预范围与强度；提供公平自由的市场环境，把经济政策权交给市场主体，政府主要负责市场环境与秩序的维护；市场主体企业进行决策并承担经济后果与影响，实现政府部门从“管理者”到“服务者”的转变，只有这样才更有利于市场经济的发展与工业环境效率水平的提高。

五、加大研究开发投入，提高工业企业生产技术

从我国工业绿色全要素生产率影响因素的空间计量分析结果可以看出，在研究期间技术创新因素对我国工业环境效率的影响效应是正向的。R&D 的投入会在一定程度上提高工业企业的生产技术，并通过技术进步提高工业企业的全要素生产率。

（一）增加 R&D 投入，提高我国工业企业的自主创新能力

研究与开发投入地不断增加，会从一定程度上增加我国工业企业自主

创新的知识存量。研究和开发的根本动力还是在我国企业。在此基础上，要想实现工业持续发展和环境保护的协调双赢，最根本的措施还是依靠我国工业企业的自主创新。发达国家出于自身利益的考虑，不会把其先进的核心技术转移给我国。因此，要提高我国工业企业的自主创新能力，具体措施有以下几点：

第一，各级政府可以把市场调节的方式与行政管理的措施结合起来，从而改善目前的科技创新机制，由此提高我国工业企业的自主创新动力，并推动其自主创新成果的吸收和转化。

第二，各级政府拿出其财政收入的一定比例用于支持科技研发，加大研究与发展经费的投入力度，并且这部分经费还要侧重用于扶持一些清洁能源产业和高新技术产业。

第三，在对经费支持的监管方面，国家应该采取措施加强对各级政府以及企业 R&D 经费的监管力度，确保 R&D 经费确实是在专款专用，并且通过奖励政策来提高 R&D 经费的投入产出比例和效率，杜绝套用、挪用 R&D 经费等贪污腐败行为。

第四，对于微观的工业企业来说，一方面要用高薪来多引进高层次技术人才，另一方面还要通过加大对教育资金的投入来培养一些高新技术人才，提升本企业高技术人员的综合素质和创新能力，以此来促进我国工业生产技术特别是环保技术的进步。

第五，采取一定的措施来加强工业企业知识产权保护与知识产权奖励政策，从而积极引导并提高我国工业企业自主研发创新的积极性，各级政府要指导制定我国工业企业国际化的长期发展战略，对我国工业企业自主创新技术专利和本土研发品牌给予特别奖励。

第六，一定要把提高我国工业企业的自主创新能力作为一件关系国计民生的大事来高度重视，从而为我国工业企业自主创新能力的提高提供比较好的外部环境支持。

第七，建立工业企业绿色技术工程体系，重点研发与环境保护有关的节能减排技术、生态产业技术与废弃物再回收综合利用技术。

第八，通过增加能源税、环境税以及发展风险投资和孵化项目等政策提高我国工业企业自主研发创新的动力，通过税收和政策的制定促进工业发展与资源环境的协调和可持续发展。

只有加大 R&D 经费投入、提高自主创新能力，才能掌握关键技术与具备系统集成能力，研发出大量的专有技术与自主知识产权，才能拥有将粗放的工业发展方式转变为集约发展方式、优化和提高工业结构的能力。

（二）科学引进先进技术，加强技术消化吸收能力

虽然说引进国外的先进技术能够从一定程度上快速提高我国工业发展的效率水平，但是盲目或者重复地引进国外技术不但不会促进我国区域工业环境全要素生产率和技术效率的提高，反而还具有一定程度的负面影响。不能否认，发达国家的科学技术水平在一定程度上比我国先进，但是从创新的分类角度来看，自主创新不仅包括原始创新，还包括国外引进技术的再创新以及集成创新。从这个角度来说，单纯地通过引进一些国外先进技术也可以间接地促进我国自主创新水平的持续提高。因此，政府在鼓励工业企业进行自主创新的同时，也要让其重视对国外先进技术的引进以及再创新。通过多方面渠道引进并学习发达国家的工业先进技术，然后将先进技术的引进消化与提高工业企业自主创新能力结合起来，可以说，这在一定程度上是一种能够促进我国工业技术进步和环境全要素生产率提高的重要渠道。在引进和消化技术方面需要注意以下几点：

第一，各级政府或工业企业要相对科学合理地选择引进国外先进技术，不能盲目地“崇洋媚外”，持续引进大量的低端技术或者资源密集型、劳动密集型的工业技术，不仅不能提高我国工业的技术发展水平，还会造成大量的环境污染和效率下降。

第二，在引进国外先进技术时，也不能只关注技术是否高端，如果技术过于高端严重超过本区域或者我国工业发展的需要，不仅会浪费大量资金，而且对工业发展无效，使得工业发展效率下降。

第三，从发达国家引进先进技术以后，还要不断加强对所引进的先进技术的消化吸收能力，刺激并鼓励工业企业对已经彻底消化吸收的引进技术进行再创新，从而利用引进的国外先进科技资源来加快我国工业和科学

技术的发展速度。这是我国作为发展中国家具备的“后发优势”。

第四，企业或政府在参与引进重大发展项目的时候，由于工业企业是引进这些先进技术并消化吸收再创新的主要载体，国家或地方的设计研究单位在这时就要与工业企业开展联合合作，共同来消化吸收并再创新。开展产学研合作，提高我国的创新能力。

第五，政府还应该把可以利用的国内外与省内外的科学技术相关资源统一整合起来，建立包括政府组织机构、科研院所、工业企业的产学研技术创新战略同盟，从而利用各方面的能力提高我国对引进的国外先进技术的消化吸收和再创新能力。

参考文献

[1] 涂正革．环境、资源与工业增长的协调性［J］．经济研究，2008（2）：93-104.

[2] 程丹润，李静．环境约束下的中国省区效率差异研究：1990—2006［J］．财贸研究，2009（1）：13-11.

[3] 周五七，聂鸣．低碳转型视角的中国工业全要素生产率增长［J］．财经科学，2012（10）：73-83.

[4] 涂正革，刘磊珂．考虑能源、环境因素的中国工业效率评价［J］．经济评论，2011（2）：55-64.

[5] 韩洁平，文爱玲，闫晶．基于DEA模型的我国工业生态创新效率评价研究［J］．生态经济，2016（5）：102-105.

[6] 高铁梅．计量经济分析方法与建模［M］．北京：清华大学出版社，2009.

[7] 戴维·R. 安德森．数据、模型与决策——管理科学篇［M］．北京：机械工业出版社，2014.

[8] 屈小娥．中国省际全要素 CO_2 排放效率差异及驱动因素——基于1995—2010年的实证研究［J］．南开经济研究，2012（3）.

[9] 何小钢，张耀辉．中国工业碳排放影响因素与CKC重组效应——基于STIRPAT模型的分行业动态面板数据实证研究［J］．中国工业经济，2012（1）.

[10] 李玲，陶峰．污染密集型产业的绿色全要素生产率及影响因素——基于SBM方向性距离函数的实证分析［J］．经济学家，2011（12）.

[11] 范丹，王维国．中国区域环境绩效及波特假说的再检验［J］．中国环境科学，2013（5）：952-959.

[12] 郭庆旺，贾俊雪．中国全要素生产率的估算：1979—2004［J］．经济研究，2005（6）：51-60.

[13] 贺彩霞，冉茂盛．环境污染与经济增长——基于省际面板数据的区域差异研究［J］．中国人口·资源与环境，2009，19（2）：56-62.

[14] 何强．要素禀赋、内在约束与中国经济增长质量［J］．统计研究，2014（1）：70-77.

[15] 陈诗一．中国的绿色工业革命：基于环境全要素生产率视角的解释［J］．经济研究，2010（11）：21-34.

[16] 冯志军，陈伟．中国高技术产业研发创新效率研究——基于资源约束型两阶段 DEA 模型的新视角［J］．系统工程与理论实践，2014（5）：1202-1212.

[17] 冯志军．能源环境约束下的中国区域工业研发创新全要素生产率：2001—2011［J］．工业技术经济，2013（9）：87-96.

[18] 金碚．资源与环境约束下的中国工业发展［J］．中国工业经济，2005（4）：5-14.

[19] 匡远凤，彭代彦．中国环境生产效率与环境全要素生产率分析［J］．经济研究，2012（7）：62-74.

[20] 梁俊．环境约束下中国工业增长与节能减排双赢绩效研究——一个非径向 DEA 模型分析框架［J］．产业经济研究，2014（2）：93-102.

[21] 刘瑞翔，安同良．中国经济增长的动力来源与转换展望［J］．经济研究，2011（7）：30-41.

[22] 刘瑞翔，安同良．资源环境约束下中国经济增长绩效变化趋势与因素分析［J］．经济研究，2012（11）：34-47.

[23] 蔡乌赶，周小亮．中国环境规制对绿色全要素生产率的双重效应［J］．经济学家，2017（9）：27-35.

[24] 陈超凡．中国工业绿色全要素生产率及其影响因素——基于 ML 生产率指数及动态面板模型的实证研究［J］．统计研究，2016，33（3）：

53-62.

[25] 陈凯．绿色消费模式构建及政府干预策略 [J]．中国特色社会主义研究，2016 (3)：86-91.

[26] 方世南．领悟绿色发展理念亟待扩展五大视野 [J]．学习论坛，2016 (4)：38-42.

[27] 冯之俊，刘燕华．坚持与完善中国特色绿色化道路 [J]．中国软科学，2015 (9)：1-7.

[28] 葛仁东，于成学，徐毅．基于 DPESAR 框架的辽宁省绿色发展实证研究 [J]．大连民族大学学报，2017，19 (1)：48-54.

[29] 宫本宪一．环境经济学 [M]．北京：三联书店，2004.

[30] 谷树忠．绿色转型发展 [M]．杭州：浙江大学出版社，2016.

[31] 关成华，李晓西，潘建成．面向"十三五"：中国绿色发展测评——"2015 中国绿色发展指数报告"摘编 [J]．经济研究参考，2016 (1)：4-5.

[32] 胡鞍钢，周绍杰．绿色发展：功能界定、机制分析与发展战略 [J]．中国人口·资源与环境，2014 (1)：14-20.

[33] 黄健柏，贺稳彪．全球绿色发展格局变迁及其逻辑研究 [J]．南方经济，2017 (5)：35-49.

[34] 杨汝岱．中国制造业企业全要素生产率研究 [J]．经济研究，2015 (2)：61-74.

[35] 白重恩，张琼．中国生产率估计及其波动分解 [J]．世界经济，2015 (12)：3-28.

[36] 胡鞍钢，郑云峰，高宇宁．中国高耗能行业真实全要素生产率研究（1995—2010）——基于投入产出的视角 [J]．中国工业经济，2015 (5)：44-56.

[37] 陈茹，王兵，卢金勇．环境管制与工业生产率增长：东部地区的实证研究 [J]．产经评论，2010 (2)：74-83.

[38] 王兵，吴延瑞，颜鹏飞．中国省际环境效率与环境全要素生产率增长 [J]．经济研究，2010 (5)：95-109.

[39] 黄永春，石秋平．中国省际环境效率与环境全要素的研究——基

于包含 R&D 投入的 SBM 模型的分析 [J]. 中国人口·资源与环境，2015，25（12）：25-34.

[40] 钟兴菊，龙少波. 环境影响的 IPAT 模型再认识 [J]. 中国人口·资源与环境，2016，26（3）：61-68.

[41] 刘勇，李志祥，李静. 环境效率评价方法的比较研究 [J]. 数学的实践与认识，2010（1）：84-92.

[42] 李静. 基于 SBM 模型的环境效率评价 [J]. 合肥工业大学学报（自然科学版），2008，31（5）：771-775.

[43] 范子英，张军. 财政分权与中国经济增长的效率——基于非期望产出模型的分析 [J]. 管理世界，2009（7）：15-25.

[44] 杨文举. 基于 DEA 的绿色经济增长核算：以中国地区工业为例 [J]. 数量经济技术经济研究，2011，28（1）：19-34.

[45] 韦薇，夏洪山. 基于非期望产出的机场运营效率评价 [J]. 系统工程理论与实践，2014，34（1）：138-146.

[46] 朱佩枫，张浩，张慧明. 考虑非期望产出的皖江城市带承接长三角产业转移效率研究 [J]. 中国软科学，2014（7）：105-114.

[47] 常晓然，周全，吴晓波. 我国 54 个城市的创新效率比较研究：基于包含非期望产出的 SBM-NDEA 模型 [J]. 管理工程学报，2016（1）：9-18.

[48] 师博，张良悦. 我国区域能源效率收敛性分析 [J]. 当代财经，2008（2）：17-21.

[49] 李佳佳，罗能生. 中国省际环境效率的收敛性、空间溢出及成因分析 [J]. 软科学，2016，30（8）：1-5.

[50] 潘雄锋，刘清，张维维. 空间效应和产业转移双重视角下的我国区域能源效率收敛性分析 [J]. 管理评论，2014（5）：23-29.

[51] 王怡，茶洪旺. 京津冀的环境效率及其收敛性分析 [J]. 城市问题，2016（4）：18-24.

[52] 申晨，李胜兰，代丹丹. 中国省际工业环境效率区域差异及动态演进 [J]. 统计与决策，2017（1）：121-126.

［53］潘兴侠，何宜庆，胡晓峰．区域生态效率评价及其空间计量分析［J］．长江流域资源与环境，2013，22（5）：640-647.

［54］陈绍俭．中国工业环境效率的区域差异及其空间相关性分析——基于 SBM-Undesirable 模型和 Moran's I 统计量［J］．兰州商学院学报，2013（6）：43-51.

［55］沈能．工业集聚能改善环境效率吗？——基于中国城市数据的空间非线性检验［J］．管理工程学报，2014（3）：57-63.

［56］张子龙，薛冰，陈兴鹏，李勇进．中国工业环境效率及其空间差异的收敛性［J］．中国人口·资源与环境，2015，25（2）：30-38.

［57］李斌，范姿怡．新型城镇化对省际环境效率的影响——基于省际面板数据的空间计量检验［J］．商业研究，2016（8）：39-44.

［58］李茜．我国经济增长与环境污染双向作用关系研究［J］．环境科学学报，2015，35（6）：1875-1886.

［59］黄茂兴，林寿富．污染损害，环境管理与经济可持续增长——基于五部门内生经济增长模型的分析［J］．经济研究，2013（12）：30-41.

［60］董直庆，蔡啸，王林辉．技术进步方向，城市用地规模和环境质量［J］．经济研究，2014，49（10）：111-124.

［61］张兵兵，徐康宁，陈庭强．技术进步对二氧化碳排放强度的影响研究［J］．资源科学，2014，36（3）：567-576.

［62］江三良，刘涵．技术进步对中国区域环境质量的影响研究——基于污染排放的视角［J］．中南林业科技大学学报（社会科学版），2017，11（1）：5-11.

［63］黄德春，刘志彪．环境规制与企业自主创新——基于波特假设的企业竞争优势构建［J］．中国工业经济，2006（3）：100-106.

［64］李胜兰，初善冰，申晨．地方政府竞争，环境规制与区域生态效率［J］．世界经济，2014（4）：88-110.

［65］张中元，赵国庆．FDI、环境规制与技术进步——基于中国省级数据的实证分析［J］．数量经济技术经济研究，2012（4）：19-32.

［66］宋马林，王舒鸿．环境规制，技术进步与经济增长［J］．经济研

究，2013（3）：122-134.

[67] 叶祥松，彭良燕．我国环境规制下的规制效率与全要素生产率研究：1999-2008 [J]. 财贸经济，2011（2）：102-109.

[68] 胡达沙，李杨．环境效率评价及其影响因素的区域差异 [J]. 财经科学，2012（4）：116-124.

[69] 陈浩，陈平，罗艳．京津冀地区环境效率及其影响因素分析 [J]. 生态经济，2015，31（8）：142-146.

[70] 丁焕峰，等．广东省工业环境效率的区域差异及影响因素分析 [J]. 城市观察，2015（2）：76-87.

[71] 苑清敏，申婷婷，邱静．中国三大城市群环境效率差异及其影响因素 [J]. 城市问题，2015（7）：10-18.

[72] 刘殿国，郭静如．中国省际环境效率影响因素的实证研究——基于社会嵌入视角和多层统计模型的分析 [J]. 中国人口·资源与环境，2016，26（8）：79-87.

[73] 孟洁，戴庆庆．中国省际能源——环境效率评价及影响因素分析 [J]. 统计与决策，2016（14）：89-91.

[74] 任宇飞，方创琳，蔺雪芹．中国东部沿海地区四大城市群生态效率评价 [J]. 地理学报，2017，27（11）：2047-2063.

[75] 张建清，等．基于 DPSIR-DEA 模型的区域可持续发展效率测度及分析 [J]. 中国人口·资源与环境，2017，27（11）：1-9.

[76] 杨文培，等．基于 DPSIR 模型的城市大气环境发展指数研究 [J]. 运筹与管理，2017，26（7）：147-153.

[77] 曾贤刚．中国省际环境效率及其影响因素 [J]. 经济理论与经济管理，2011（10）：103-110.

[78] 白永平，等．基于 SBM-Malmquist-Tobit 模型的沿黄九省（区）环境效率差异及影响因素分析 [J]. 地域研究与开发，2013（2）：90-95.

[79] 李海东，汪斌，等．基于改进的 ISBM-DEA 模型的省际环境效率实证研究 [J]. 系统工程，2012，30（7）：86-93.

[80] 宋马林．从碳排放到环境效率评价 [M]. 北京：科学出版

社，2014.

[81] 陈硕，陈婷．空气质量与公共健康：以火电厂二氧化硫排放为例[J]．经济研究，2014，49（8）：158-169.

[82] 许广月．碳排放收敛性：理论假说和中国的经验研究［J］．数量经济技术经济研究，2010（9）：31-42.

[83] 杨骞，刘华军．中国地区二氧化碳排放的随机收敛研究——基于两类碳排放指标的再检验［J］．经济评论，2013（4）：73-80.

[84] 胡宗义．省域碳排放强度的收敛性与动态演进［J］．资源科学，2015，37（1）：142-151.

[85] 高红贵，汪成．中国工业环境技术效率的空间溢出效应与区域比较研究［J］．科技进步与对策，2015，32（11）：31-35.

[86] 赵巧芝，等．中国省域碳排放的空间特征及影响因素［J］．北京理工大学学报（社会科学版），2018，20（1）：9-16.

[87] 余泳泽．中国省际全要素生产率动态空间收敛性研究［J］．世界经济，2015（10）：30-55.

[88] Joon-Ho Na，A-Young Choi，Jianhua Ji，Dali Zhang. Environmental efficiency analysis of Chinese container ports with CO_2 emissions：an inseparable input-output SBM model［J］. Journal of Transport Geography，2017，65.

[89] P. Asha Priyanka，M. Chandrasekaran，E. Nandakumar. Economic and environmental efficiency of co-operative sector sugar mills in Tamil Nadu state of India［J］. Agricultural Research Journal，2017，54（4）.

[90] George E. Halkos，Shunsuke Managi. Measuring the effect of economic growth on countries' environmental efficiency：a conditional directional distance function approach［J］. Environmental and Resource Economics，2017，68（3）.

[91] Victor Moutinho，Mara Madaleno，Margarita Robaina. The economic and environmental efficiency assessment in EU cross-country：evidence from DEA and quantile regression approach［J］. Ecological Indicators，2017（78）.

[92] Ke Wang，Xueying Yu. Industrial energy and environment efficiency of Chinese cities：an analysis based on range-adjusted measure［J］. Interna-

tional Journal of Information Technology & Decision Making, 2017, 16 (4).

[93] Cui. Environmental efficiency measures for ports: An application of RAM-Tobit-RAM with undesirable outputs [J]. Maritime Policy & Management, 2017, 44 (5).

[94] Tomoyuki Sakamoto, Shunsuke Managi. New evidence of environmental efficiency on the export performance [J]. Applied Energy, 2017, 185.

[95] Jianxin Wu, Yanrui Wu, Bing Wang. Environmental efficiency and the optimal size of Chinese cities [J]. China & World Economy, 2017, 25 (3).

[96] Somdech Rungsrisawat. Image of tourism destinations - principles of macromarketing and environmental efficiency: the case of thailand [J]. International Journal of Ecology & Development™, 2017, 32 (2).

[97] Maocheng Zhen, Xiaolu Gao, Haihong Yuan. An empirical study on environmental efficiency assessment in urban industrial concentration areas [J]. Maocheng Zhen; Xiaolu Gao; Haihong Yuan, 2017, 5 (2).

[98] Yin. Environmental efficiency and its determinants in the development of China's western regions in 2000—2014 [J]. Chinese Journal of Population Resources and Environment, 2017, 15 (2).

[99] Young-Tae Chang, Nan Zhang. Environmental efficiency of transportation sectors in China and Korea [J]. Maritime Economics & Logistics, 2017, 19 (1).

[100] Young-Tae Chang, Nan Zhang. Environmental efficiency of transportation sectors in China and Korea [J]. Maritime Economics & Logistics, 2017, 19 (1).

[101] Jiarui Zhang, Weihua Zeng, Han Shi. Regional environmental efficiency in China: analysis based on a regional slack-based measure with environmental undesirable outputs [J]. Ecological Indicators, 2016, 71.

[102] Hubert Stahn, Agnes Tomini. On the environmental efficiency of water storage: the case of a conjunctive use of ground and rainwater [J]. Envi-

ronmental Modeling & Assessment, 2016, 21 (6).

[103] Dong Tian, Fengtao Zhao, Weisong Mu, Radoslava Kanianska, Jianying Feng, Iain Gordon. Environmental efficiency of Chinese open - field grape production: an evaluation using data envelopment analysis and spatial autocorrelation [J]. Sustainability, 2016, 8 (12).

[104] Abdul - Nafeo Abdulai, Awudu Abdulai. Examining the impact of conservation agriculture on environmental efficiency among maize farmers in Zambia [J]. Environment and Development Economics, 2016, 22 (2).

[105] Malin Song, Wanping Zheng, Zeya Wang. Environmental efficiency and energy consumption of highway transportation systems in China [J]. International Journal of Production Economics, 2016, 181.

[106] George Halkos, George Papageorgiou. Spatial environmental efficiency indicators in regional waste generation: a nonparametric approach [J]. Journal of Environmental Planning and Management, 2016, 59 (1).

[107] A. A. Lavrinenko, G. Yu. Golberg. Perspectives of environmental efficiency improvement of coal preparation processes. Part 3 [J]. Coke and Chemistry, 2015, 58 (11).

[108] Chenxi Song, Mingjia Li, Yaling He, Wenquan Tao. Study on energy and environmental efficiency for coal-fired power units: a non-parameter approach [J]. Energy Procedia, 2015, 75.

[109] Konstantinos Kounetas. Heterogeneous technologies, strategic groups and environmental efficiency technology gaps for European countries [J]. Energy Policy, 2015, 83.

[110] Michiyuki Yagi, Hidemichi Fujii, Vincent Hoang, Shunsuke Managi. Environmental efficiency of energy, materials, and emissions [J]. Journal of Environmental Management, 2015 (161).

[111] Khaled Ben Abdallah, Mounir Belloumi, Daniel De Wolf. International comparisons of energy and environmental efficiency in the road transport sector [J]. Energy, 2015 (93).

[112] Ying-heng Zhou, Xiao-heng Zhang, Xu Tian, Xian-hui Geng, Peng Zhang, Bin-jian YAN. Technical and environmental efficiency of hog production in China-A stochastic frontier production function analysis [J]. Journal of Integrative Agriculture, 2015, 14 (6).

[113] Yrjö Majanne, Timo Korpela, Jachym Judl, Sirkka Koskela, Ville Laukkanen, Anna Häyrinen. Real time monitoring of environmental efficiency of power plants [J]. IFAC Papers On Line, 2015, 48 (30).

[114] Jiandong Chen, Malin Song, Long Xu. Evaluation of environmental efficiency in China using data envelopment analysis [J]. Ecological Indicators, 2015 (52).

[115] Sébastien Marchand, Huanxiu Guo. The environmental efficiency of non-certified organic farming in China: a case study of paddy rice production [J]. China Economic Review, 2014 (31).

[116] Seda Meyveci Doganay, Selin Sayek, Fatma Taskin. Is environmental efficiency trade inducing or trade hindering? [J]. Energy Economics, 2014 (44).

[117] Jie Wu, Qingxian An, Xin Yao, Bo Wang. Environmental efficiency evaluation of industry in China based on a new fixed sum undesirable output data envelopment analysis [J]. Journal of Cleaner Production, 2014 (74).

[118] S. Sacchelli, I. Bernetti, I. De Meo, L. Fiori, A. Paletto, P. Zambelli, M. Ciolli. Matching socio-economic and environmental efficiency of wood-residues energy chain: a partial equilibrium model for a case study in Alpine area [J]. Journal of Cleaner Production, 2014 (66).

[119] Teresa Serra, Robert G. Chambers, Alfons Oude Lansink. Measuring technical and environmental efficiency in a state-contingent technology [J]. European Journal of Operational Research, 2014, 236 (2).

[120] M. L. Song, S. H. Wang. DEA decomposition of China's environmental efficiency based on search algorithm [J]. Applied Mathematics and Computation, 2014 (247).

[121] Hsing-Fu Kuo, Hsiang-Leng Chen, Ko-Wan Tsou. Analysis of

farming environmental efficiency using a DEA model with undesirable outputs [J]. APCBEE Procedia, 2014, 10.

[122] Han-Shen Chen. Empirical applications of an environmental stress indicator and the environmental efficiency revolution in Taiwan [J]. Environmental Skeptics and Critics, 2013, 2 (3).

[123] Toshiyuki Sueyoshi, Mika Goto, Margaret A. Snell. DEA environmental assessment: Measurement of damages to scale with unified efficiency under managerial disposability or environmental efficiency [J]. Applied Mathematical Modelling, 2013 (37): 12-13.

[124] Wang Ke, Lu Bin, Wei Yi-Ming. Chinaâ™s regional energy and environmental efficiency: a range - adjusted measure based analysis [J]. Applied Energy, 2013, 112 (C).

[125] Viet-Ngu Hoang, Trung Thanh Nguyen. Analysis of environmental efficiency variations: a nutrient balance approach [J]. Ecological Economics, 2013 (86).

[126] Gianmaria Martini, Alessandro Manello, Davide Scotti. The influence of fleet mix, ownership and LCCs on airports' technical/environmental efficiency [J]. Transportation Research Part E, 2013 (50).

[127] Mikko Huovinen, Ville Laukkanen, Timo Korpela. On-line data reconciliation as a tool to improve the environmental efficiency assessment in power plant environment [J]. IFAC Proceedings Volumes, 2012, 45 (21).

[128] Y. P. Jia, R. Z. Liu. Study of the energy and environmental efficiency of the Chinese economy based on a DEA model [J]. Procedia Environmental Sciences, 2012 (13).

[129] Mikko Huovinen, Ville Laukkanen, Timo Korpela. On-line data reconciliation as a tool to improve the environmental efficiency assessment in power plant environment [J]. IFAC Proceedings Volumes, 2012, 45 (21).

[130] Pierre Moreau, Laurent Ruiz, Flavie Mabon, Thierry Raimbault, Patrick Durand, Luc Delaby, Sophie Devienne, Françoise Vertès. Reconciling

technical, economic and environmental efficiency of farming systems in vulnerable areas [J]. Agriculture, Ecosystems and Environment, 2011 (147).

[131] Rafaela Dios-Palomares, José M. Martínez-Paz. Technical, quality and environmental efficiency of the olive oil industry [J]. Food Policy, 2011, 36 (4).

[132] Mauro Coli, Eugenia Nissi, Agnese Rapposelli. Monitoring environmental efficiency: an application to Italian provinces [J]. Environmental Modelling and Software, 2010, 26 (1).

[133] Chih-Ching Yang. Productive efficiency, environmental efficiency and their determinants in farrow-to-finish pig farming in Taiwan [J]. Chih-Ching Yang, 2009, 126 (1-3).

[134] George Emm. Halkos, Nickolaos G. Tzeremes. Exploring the existence of Kuznets curve in countries' environmental efficiency using DEA window analysis [J]. Ecological Economics, 2009, 68 (7).

[135] Massimiliano Mazzanti, Roberto Zoboli. Environmental efficiency and labour productivity: trade-off or joint dynamics? a theoretical investigation and empirical evidence from italy using NAMEA [J]. Ecological Economics, 2009, 68 (4).

[136] Maarten van Rossum, Marije van de Grift. Regional analysis: differences in emission-intensity due to differences in economic structure or environmental efficiency? [J]. Journal of Sustainable Development, 2009, 2 (3).

[137] Yiwen Bian, Feng Yang. Resource and environment efficiency analysis of provinces in China: a DEA approach based on Shannon's entropy [J]. Energy Policy, 2009, 38 (4).

[138] Tove Malmqvist, Mauritz Glaumann. Environmental efficiency in residential buildings-A simplified communication approach [J]. Building and Environment, 2008, 44 (5).

[139] Kim Kwang Uk, Kang Sang Mok. Environmental Efficiency, International Trade : examination of environmental kuznets curve and pollution haven hy-

pothesis [J]. Environmental and Resource Economics Review, 2007, 16 (3).

[140] Environmental efficiency analysis for ENI oil refineries [J]. Fuel and Energy Abstracts, 2002, 43 (3).

[141] José L. Zofío, Angel M. Prieto. Environmental efficiency and regulatory standards: the case of CO_2 emissions from OECD industries [J]. Resource and Energy Economics, 2001, 23 (1).

[142] Thilo Herrmann, Uwe Schmida. Rainwater utilisation in Germany: efficiency, dimensioning, hydraulic and environmental aspects [J]. Thilo Herrmann; Uwe Schmida, 2000, 1 (4).

[143] Fatma Taskin, Osman Zaim. Searching for a Kuznets curve in environmental efficiency using kernel estimation [J]. Economics Letters, 2000, 68 (2).

[144] O. Zaim, F. Taskin. Environmental efficiency in carbon dioxide emissions in the OECD: a non-parametric approach [J]. Journal of Environmental Management, 2000, 58 (2).

[145] Marcello M. Mariani, Franco Visani. Embedding eWOM into efficiency DEA modelling: an application to the hospitality sector [J]. International Journal of Hospitality Management, 2019 (80).

[146] Xiao Shi, Yongjun Li, Ali Emrouznejad, Jianhui Xie, Liang Liang. Estimation of potential gains from bank mergers: a novel two-stage cost efficiency DEA model [J]. The Journal of the Operational Research Society, 2017, 68 (9).

[147] Xiao Shi, Yongjun Li, Ali Emrouznejad, Jianhui Xie, Liang Liang. Estimation of potential gains from bank mergers: a novel two-stage cost efficiency DEA model [J]. Journal of the Operational Research Society, 2017, 68 (9).

[148] Ma Xiaojun, Liu Yan, Wei Xiaoxue, et al. Measurement and decomposition of energy efficiency of Northeast China-based on super efficiency DEA model and Malmquist index [J]. Environmental science and pollution research international, 2017, 24 (24).

[149] Xiaojun Ma, Yan Liu, Xiaoxue Wei, et al. Measurement and decom-

position of energy efficiency of Northeast China—based on super efficiency DEA model and Malmquist index [J]. Environmental Science and Pollution Research, 2017, 24 (24).

[150] Dai, Guo, Jiang. Study on the industrial eco - efficiency in east China based on the super efficiency DEA model: an example of the 2003—2013 panel data [J]. Applied Economics, 2016, 48 (59).

[151] Xiaojuan Fan. Efficiency research of Chinese commercial banks based on super-efficiency DEA method [J]. American Journal of Industrial and Business Management, 2016, 6 (4).

[152] Kočišová K. Application of the DEA on the measurement of efficiency in the EU countries [J]. Agricultural Economics, 2015, 64.

[153] Hossein Azizi. DEA efficiency analysis: a DEA approach with double frontiers [J]. International Journal of Systems Science, 2014, 45 (11).

[154] Titko, Stankevičienē, Lāce. Measuring bank efficiency: DEA application [J]. Technological and Economic Development of Economy, 2014, 20 (4).

[155] Yao Chen, Soussan Djamasbi, Juan Du, Sungmook Lim. Integer-valued DEA super-efficiency based on directional distance function with an application of evaluating mood and its impact on performance [J]. International Journal of Production Economics, 2013, 146 (2).

[156] Xinqiang Wei, Baosheng Zhang, Xu Tang. The energy efficiency DEA method in value of economic continuity [J]. Int. J. of Global Energy Issues, 2013, 36 (2/3/4).